रत्ना की बात

रत्ना की बात

रांगेय राघव

अनन्य प्रकाशन

प्रकाशक : **अनन्य प्रकाशन**
ई–17, पंचशील गार्डन, नवीन शाहदरा
दिल्ली–110032
फोन नं. 011–22825606, 22824606
E-mail : prakashananya@gmail.com

संस्करण : 2025

आईएसबीएन : 978-81-961081-0-6

मूल्य : ₹150.00

शब्द–संयोजन : कम्प्यूटेक सिस्टम, दिल्ली–110032

मुद्रक : हर्ष प्रिंटर्स, दिल्ली–110094

RATNA KI BAAT
by Rangeya Raghava

भूमिका

प्रस्तुत पुस्तक में तुलसीदास का जीवन वर्णित है। उनका जीवन वृत्त ठीक से नहीं मिलता। जो है वह विद्वानों द्वारा पूर्णतया नहीं माना गया है, इतस्ततः जो उन्होंने अपने बारे में कहा है, जो बाह्य साक्ष्य है, जो दो श्रुतियाँ हैं, उन सबने मिलकर ही महाकवि का वर्णन पूरा कर सकना सम्भव किया है।

तुलसी और कबीर भारतीय इतिहास की दो महान विभूतियाँ हैं। दोनों ने भिन्न-भिन्न कार्य किए हैं। उन्होंने इतिहास की विभिन्न विचारधाराओं का प्रतिनिधित्व किया है। दोनों के विचारों का निर्माण वर्गों अर्थात् वर्णों के दृष्टिकोण से हुआ था। 'लोई का ताना' में मैं कबीर के विषय में लिख चुका हूँ।

रत्ना तुलसीदास की पत्नी थी और वह स्वयं कवयित्री थी।

तुलसीदास प्रकाण्ड विद्वान थे। उन्हें जीवन के अन्तिम काल में अपने युग के सम्मानित व्यक्तियों द्वारा आदर प्राप्त हो गया था। कबीर को केवल जनता का आदर मिल सका था। दोनों पुस्तकें पढ़ने पर यह बिलकुल ही स्पष्ट हो जाएगा।

तुलसीदास अपनी कविताएँ लिखते थे। परन्तु उनके कुछ ऐसे पद, दोहे आदि हैं जो इतने मुखर हैं कि सम्भवतः लिखे बाद में गए होंगे, कहे पहले गए होंगे। वे बहुत चुभते हुए हैं और अधिकांशतः उनमें आत्म-परिचय आदि हैं। इसीलिए मैंने उनको उद्धृत कर दिया हैं।

बाकी उद्धरणों में दो प्रकार की रचनाएँ हैं। एक वे उ़द्धरण हैं जो कवि के जीवन के साथ-साथ यत्र-तत्र उनकी रचना का भी अल्पाभास देते हैं। दूसरे वे उद्धरण हैं जो यह प्रकट करते हैं कि वे केवल कवि नहीं थे, वे मूलतः भक्त थे। अतः लिखकर रख देना ही उनका काम नहीं था। वे उस विचार को बाद में, लिखते समय, या पहले भी, अनुभव करते थे। उनका जीवन भक्ति था, लेखन भक्ति था। अतः भक्ति के पक्ष को दिखलाने के लिए भी उनकी रचनाओं का ही सहारा लिया गया है।

तुलसी ने कई काव्य-ग्रन्थ लिखे हैं। कई प्रकार से राम की कथा लिखी है। कभी कवितावली में, कभी मानस में, कभी बरवै में, कभी रामाज्ञा-प्रश्न आदि में। उनका भी यत्र-तत्र मैंने आभास दिया है कि वे रचनाएँ एक ही राम के भक्त ने विभिन्न समयों

पर विभिन्न कारणों और दृष्टिकोणों से लिखी हैं।

तुलसी एक समर्थ प्रचारक थे। उन्होंने एक धर्मगुरु का काम किया है, इसे मैंने स्पष्ट किया है। तुलसी के लक्ष्य, कार्य, प्रभाव आदि को मैंने विस्तार से लिखा है। कबीर भी विचारक थे। उन्होंने अपने दृष्टिकोण को लेकर लिखवाया था। तुलसी ने अपने विचार को लेकर समाज को अपनी रचनाएँ दी थीं। तत्कालीन धर्म में राजनीति किस प्रकार निहित थी, यह दोनों पुस्तकों को पढ़कर निस्संदेह प्रकट होगा।

तुलसी के सामाजिक कार्य उनकी भक्ति, उनके सुधार, उनके विद्रोह, उनके विचार, उनका दृष्टिकोण ऐसे विषय हैं जिन पर लोगों का भिन्न मत है। जो तुलसीदास कहते हैं, हमें वह देखना चाहिए। तुलसी ने जो प्रगति की, उसे समझने के लिए केवल उन्हें देख लेना काफी नहीं है, उनके पूर्ववर्त्ती युगों को भी देखना आवश्यक है।

कबीर गरीब नीच जाति के जुलाहे थे। वे वर्णाश्रम को नहीं मानते थे, न मुसलमानों को ही ठीक समझते थे। उन्होंने मनुष्य को अपने धर्म का उद्देश्य बनाया था।

तुलसी पुनरुत्थानवादी थे। कबीर के लिए पुरानी संस्कृति एक बोझ थी। तुलसी ब्राह्मण थे, अतः उनके लिए वह गौरव थी। तुलसी ने उसी धर्म को फिर से मर्यादा दिलाई। एक फर्क यह हुआ कि तुलसी ने रूढ़ियों के उन्हीं पुराने बन्धनों को तोड़ा जो वेद-ब्राह्मण की शक्ति को रोकते थे। उन्होंने रियासतें देकर अधिकार प्राप्त किए।

कबीर के समय में मुसलमान पूरी तरह जमे नहीं थे। फिर कबीर वर्णाश्रम के नीचे भी पीड़ित थे। तुलसी के समय में मुगलों का वैभव और शोषण था। तुलसी के पहले भक्ति-आन्दोलन निम्नवर्णीय विद्रोह का प्रतीक था, जो कहता था कि भगवान के सामने सब बराबर हैं। तुलसी ने इसे तो माना, और वैसे ही माना जैसे पहले श्रीमद्भागवत में माना गया था, परन्तु वेद-धर्म को समाज के लिए आवश्यक माना और पुनरुत्थान की ओर समाज को जगाया। तुलसी की भक्ति सामाजिक रूप में वेद, धर्म और व्यक्ति-पक्ष में भगवान से याचना थी। तुलसी ने भगवान को आदर्श सामंत राजा के रूप में ही स्वीकार किया।

तुलसी के बाद वे हिन्दू-मुसलमान सम्प्रदायों के समन्वयवादी दृष्टिकोण जो निर्गुणवादियों में थे, जैसे सिक्ख आदि, वे सब एक संस्कृति के नाम पर संगठित होने लगे और वे सब मुस्लिम विरोधी हो गए। उस विरोध का कारण आर्थिक शोषण था— मुगलों के साम्राज्य का शोषण।

कबीर और तुलसी ने अपने-अपने समय में, मध्यकाल में, इस प्रकार भारत को गहरी तरह से प्रभावित किया। दोनों के समय में परिस्थितियाँ बदल गई थीं और दोनों ने ही उसे अपने-अपने वर्ण-दृष्टिकोण से सुलझाने का प्रयत्न किया था।

–रांगेय राघव

भोर हो गई। पहली किरण ने हल्का-सा आलोक फैलाया, तब पक्षी कलकल निनाद करते हुए आकाश में उड़ चले और काशी के घाटों पर भोर की जगार सुनाई देने लगी। धीरे-धीरे आलोक अन्धकार के साथ जूझते-जूझते ताँबे की चमक से भर गया और वह गंगा की गम्भीर और विस्तृत धारा पर झलमलाने लगा। किसी ने कलकण्ठ से गाया : हरे रामा, हरे रामा...

और फिर दूर धीवरों की बंसियों के बजने का मीठा स्वर आया और कुछ देर बाद जब घाट के सहारे खड़े विशाल प्राचीरों वाले मन्दिरों के घण्टे घननन-घननन करके बजने लगे, तब गेरुए वस्त्र धारण करने वाले साधुओं के झुण्ड के झुण्ड जल तीर पर चलते-फिरते दिखाई देने लगे।

शीतल पवन मंद-मंद गति से चलकर रात की सारी थकान का हरण कर रहा था, और लहरों के अंगों को जब वह पवन हौले से छू देता तो फरफरी-सी मच जाती। वे उधर अपने अंगों को सिकोड़कर अपनी साड़ी खींचकर अपना शरीर ढांक लेने का प्रयत्न करतीं, इधर यह पवन भी अपने दाह को खोकर बोझिल होने लगा–

देवि सुरेश्वरि भगवति गंगे
त्रिभुवनतारिणि तरलतरंगे
शंकरमौलिविहारिणि विमले
मम मतिरास्तां तव पद कमले।

शब्द और भी उठा–

भागीरथि सुखदायिनि मातः–
तब जलमहिमा निगमे ख्याता।
नाहं जाने तब महिमानं
पाहि कृपामयि मामज्ञानम्

और भगवती पतिततारिणी जाह्नवी के प्रति निकले हुए वे शब्द धीरे-धीरे आने-जानेवालों के कानों में गूँजने लगे, जिनको सुनकर अँधेरे ही में पथों पर झाड़ू लगा चुकने वाले मेहतर अब वहाँ से भाग निकले, ताकि अपने दर्शन से वे उच्च जाति के पवित्र लोगों को प्रातःकाल ही अशुभ के सम्मुख न ले जा सकें। उस समय भी करोड़ों मन जलराशि

गंगा में बही जा रही थी, जैसे शाश्वत होकर वह धारा बही जा रही हो।

असीघाट के ऊपर बने हुए एक छोटे-से घर में उस समय एक तरुण ने उठकर द्वार खोला और बाहर झांका। प्रकाश खुले दरवाज़े से धीमे से भीतर घुसा। तरुण के नेत्र लाल हो रहे थे। लगता था वह रात-भर का जागा है। वह बाहर आ गया और उसने कन्धे पर पड़ी रामनामी चादर को उतारकर फटकारा और फिर बाएँ कन्धे पर धरकर ऊपर को हाथ उठाकर अंगड़ाई ली। उसकी मूँछें पतली थीं, और होंठों के दोनों ओर बिखर गई थीं। और ठोड़ी पर काली दाढ़ी के बाल करे से उग आए थे।

घर की दीवारों पर काई जम गई थी।

उस तरुण को देखकर घाट पर कोई धीरे-धीरे चढ़ने लगा। उसने धीमे से कहा : क्यों रे नारायण! गुसाईंजी की तबीयत अब कैसी है?

पूछनेवाले के स्वर में एक सुव्यवस्थित विनम्रता थी।

तरुण ने उदासीनता से देखा और कहा : रात-भर सो नहीं सके।

'राम-राम!' पूछने वाले ने कहा और फिर दुहराया : "राम-राम! बड़ी यातना है, बड़ी यातना है।"

पता नहीं भगवान इतना दुःख क्यों दे रहा है?'

"यही मैं भी सोचता हूँ। इतने बड़े महात्मा को ही जब ऐसा कष्ट मिल रहा है, तो हम जैसों का तो जाने क्या होगा!"

कहते-कहते वह सिहर उठा। जैसे सारा जीवन फिर आँखों के सामने नाच गया हो।

"कोई नहीं जानता।" उसने फिर कहा। "फिर यही एक जीवन तो नहीं है नारायण!"

नारायण ने सिर हिलाया जैसे वह जानता था।

पूछनेवाले ने जैसे अपने-आपसे कहा : यही एक होता तो संसार इतना विचित्र क्यों होता? महात्मा ठहरे वे।

नारायण के नेत्र फड़के।

"उन्होंने पाप नहीं किया।" उसने कहा।

"पाप! राम राम!" दूसरे ने कहा : "अरे उस जैसा पहुँचा हुआ महात्मा अगर पाप करेगा तो शेष और कच्छप दोनों ही इस धरती को नहीं सम्भाल सकेंगे नारायण। डूबने के लिए नीचे जाने की ज़रूरत नहीं होगी, उल्टे रसातल ही ऊपर उठ आएगा और कलि से डूबी हुई धरती को सदा के लिए निगल जाएगा।"

दोनों के नेत्रों में भयार्त्त छाया डोलने लगी।

नारायण कुछ कह नहीं सका क्योंकि पहले जन्म के बारे में वह कुछ जानता नहीं था। कोई नहीं बता सकता था कि पूर्व जन्म में कौन क्या था? यह तो अचानक समझ में न आने वाले कष्ट थे, यह तो आँखों देखते हुए म्लेच्छों की उन्नति हो रही थी, यह जो भले लोग कष्ट पा रहे थे, बुरे लोगों का वैभव बढ़ रहा था, यह सब जो समझ में

नहीं आता था, यदि पूर्व जन्म ही इस सबका कारण न था तो और क्या हो सकता था?

पूर्व जन्म!

जन्म-जन्मांतर का दारुण चक्र!

मृत्यु के समीप आकर यातना के बारे में मनुष्य का चिन्तन!!

नारायण क्या कहता है?

उसका हृदय टूक-टूक हो रहा था। वह अपने-आपको छोटा-सा समझता। उसके सामने धीरे-धीरे एक विशाल पहाड़ गल रहा था। वह उस कनक कंगूरे वाले महानगर को जल-जलकर समाप्त होते हुए देख रहा था।

उसका गला भर आया।

आने-जाने वाले रुक गए थे।

एक ने धीमे से पूछा : "अरे क्या हाल है?"

"वही हाल है।"

"कोई लाभ नहीं?"

"नहीं।"

तब किसी बूढ़े ने उदास स्वर में कहा : "एक दिन तो ऐसा आता ही है भाइयो! गुसाईंजी की उमर पूरी हुई। वे पुण्यात्मा हैं।"

"पुण्यात्मा? वे कलियुग को काटने वाले परम तपस्वी हैं!"

"अरे भइया! वे वाल्मीकि मुनि के अवतार हैं।"

"रात भर," नारायण ने कहा—"बड़ा कष्ट रहा।"

"कष्ट नहीं है वह!" एक ने कहा, "भइया हमारी तुम्हारी आँख में वह कष्ट है, क्योंकि हम तो यहाँ से आते-जाते दिखाई नहीं देते। ऐसे महापुरुष जब जाते हैं तब भगवान का चक्र ठहर जाता है।"

"काशीराज ने संवाद मंगाया था।"

"तो क्या हुआ जी। इस घाट को तो अब कोई नहीं भूलेगा। यहाँ राजाओं का राजा पड़ा है। अहाहाहा...क्या भाग्य है! जीते-जी काशी को अमर धाम के साथ-साथ अयोध्या जैसा परम पवित्र बना दिया। जगह-जगह सुनाता हूँ, जगह-जगह लोग श्रद्धा से सिर झुकाते हैं।"

"हटो-हटो।" किसी ने कहा—"वैद्यजी आ गए।"

लोग हटकर रास्ता देने लगे। भीड़ बढ़ गई थी। वैद्यराज सिर पर पगड़ी बांधे थे और अंगरखा पहने थे जो था तो रेशम का, परन्तु पुराना हो चुका था। उनकी मूँछें सफेद थीं और होंठों पर पड़ी हुई थीं! उनके नेत्रों में एक चमक-सी जलती थी और फिर सफेद-सी भौंहों के भीतर छिप जाती थी।

"वैद्यजी!" एक व्यक्ति ने आशंकित स्वर से पूछा—"वैद्यजी!"

वैद्यजी रुक गए। उन्होंने उस आदमी की ओर करुणा-भरे नेत्रों से देखा और फिर

अत्यन्त स्नेह और वेदना से मुसकरा दिए, जैसे जो वे कर सकते हैं, कर ही रहे हैं, पर आगे परमात्मा भी तो कुछ है? अगर इलाज से ही सब बच जाया करते, तो फिर कोई मरता ही क्यों?

दूर कहीं किसी ने शंख-निनाद किया और फिर घाट पर इधर-उधर के हवा के झोकों पर चढ़कर झूमनेवाला अगरु घूम अपनी पवित्र गन्ध फैलाने लगा।

वैद्यजी ने धीरे से कहा—

रामचन्द्र मुख चन्द्रमा
चित चकोर जब होइ
राम राज सब काज सुभ
समय सुहावन सोई।

नारायण भीतर चला गया। भीतर से अब मलूकराम शिष्य बाहर आ गया था।

मलूकराम को देखकर लोगों में एक नई उत्सुकता जाग उठी। नारायण वैद्यजी के अपने पर भीतर प्रबन्ध करने गया था।

एक व्यक्ति ने पूछा : क्यों मलूकराम! महात्माजी का कैसा हाल है?

मलूकराम ने अपने कन्धों तक लहराते बालों को दुपट्टे के छोर से बाँधते हुए आकाश की ओर देखकर कहा : वही नाम रट है भइया। कैसी लगन है! कोई देखे तो! मुझे तो रात-भर लगा कि कलि है ही नहीं। मैं तो किसी पवित्रतम आत्मा के पास बैठा हूँ। वहाँ कष्ट था तो सही, पर उसमें सत्ययुग की-सी गरिमा थी। ऐसा लगता था—

उपल बरसि गरजत तरजि
डारत कुलिस कठोर
चितवकि चातक मेघ तजि
कबहूं दूसरि ओर!
पवि पाहन दामिनि गरज
झरि झकोर खरि खीझि,
रोष न प्रीतम-दोष लखि,
तुलसी रागहि रीझि!

सुनने वालों ने गद्गद होकर कहा : अहा हा! धन्य हो हुलसी के पुत्र तुलसीदास! अरी वह कैसी पवित्र कोख थी, जिसने तुझे धारण किया!

ब्राह्मण चन्द्रनाथ ने आगे बढ़कर कहा : वह अवतार है भइया, अंश है। उसका काम इस कलियुग में भारतभूमि का उद्धार करना था, सो उसने अकेले ही कर दिखाया।

"आइए वैद्यजी!" नारायण ने द्वार पर निकलकर पुकारा।

सबने मुड़कर देखा वैद्यजी सीढ़ी चढ़ने लगे।

लोग आपस में बातें करने लगे।

एक ने कहा : भइया जब ऐसे महात्मा ही अन्तकाल में इतना दुःख पाते हैं तो

फिर हम गृहस्थों का क्या हाल होगा?

दूसरे ने कहा : अरे क्या पूछते हो। गोसाईंजी ने कहा ही है–

काम क्रोध मद लोभ रत
गृहासक्त दुख रूप
ते किमि जानहिं रघुपतिहिं
मूढ़ पड़े भवकूप

एक दूसरे ने कहा : उन्हीं की कहता हूँ भाइयो–

रामचन्द्र के भजन बिनु
जो चह पद निर्बान
ज्ञानवन्त अपि सोइ नर
पसु बिनु पूँछ विखान।
जानि राम सेवा सरस
समुझि करब अनुमान
पुरुषा ते सेवक भये
हर ते भै हनुमान।

सबसे पहले नारायण से आकर बात करने वाले ने अब कहा : घबराते क्यों हो? अमर होकर तो कोई नहीं आता।

पुन्य पाय, जस अजस, के
भावी भाजन भूरि
संकट तुलसीदास को
राम करहिंगे दूर।

सबको धैर्य-सा लौट आया।

वैद्यजी भीतर घुसे तो मन धुक-धुक कर रहा था। शय्या पर वृद्ध तुलसीदास लेटे थे। उनके सिर के बाल गिर चुके थे, मुँह पर झुर्रियाँ पड़ गई थीं। बाएँ हाथ पर पट्टी बंधी थी। वे अधमुंदी आँखों से देखते हुए कुछ सोच रहे थे।

वैद्यजी निकट बैठ गए। उन्होंने प्रणाम किया। तुलसीदास ने मुड़कर देखा। उस अत्यन्त कष्टकर दुःख में भी उनके होठों पर हल्की-सी एक मुसकराहट आ गई और नयनों में करुणा की छाया झलक आई।

वैद्यजी ने नब्ज़ देखी। नाड़ी की गति देखकर वैद्यजी के मुख पर मलिनता दोहरी हो गई। नारायण ने देखा तो आतंकित हुआ। मलूक लौट आया था।

वैद्यजी ने झुककर कहा : महाराज!

तुलसीदास ने नयन उठाए। वे फिर मुसकराए।

वैद्यजी ने कहा : कुछ खाने की इच्छा होती है?

''नहीं।'' तुलसीदास ने धीरे-से कहा और फिर मुसकरा दिए। नारायण ने मुड़कर

आँखें पोंछ लीं। वह सह नहीं पा रहा था।

तुलसीदास ने कहा : नारायण!

''महाराज!!'' वह फफक उठा।

''रोता क्यों है पागल?'' तुलसीदास ने कहा—''इसका इलाज वैद्यजी के हाथ में नहीं है। इसका तो कोई और ही प्रबन्ध कर सकता है।''

वैद्यजी ने कहा : सच है महाराज! वैद्य तो निमित्त है, ऊपरवाला ही सबका स्वामी है। वैद्य उसके सामने तो कुछ नहीं है।

''राम जपो, राम जपो', तुलसीदास ने कहा और वे विभोर-से हो गए।

वैद्य हताश हो गए। वे तुलसीदास को आँखें मींचे देखकर क्षण-भर बैठे रहे है, फिर नारायण और मलूक की ओर उन्होंने अत्यन्त निराशा से देखा और बाहर चले गए।

वैद्यजी को देखकर भीड़ समीप आ गई। इस समय वहाँ कई सौ लोग थे। कई बड़े-बड़े रईस भी उपस्थित थे। वैद्यजी उस भीड़ को देखकर अचकचा गए। अनेक मठों के गद्दीदार महंत वहाँ आज भेद-भाव भूलकर खड़े हुए थे। साधुओं की जमात गंगा की सिकता पर पड़ी हुई थी।

एक धनी व्यक्ति आगे बढ़ आया। उसने धीरे किन्तु विचलित स्वर से कहा : वैद्यजी!

''क्या है महाराज?'' वैद्यजी ने उत्तर दिया।

''महात्माजी की तबीयत अब कैसी है?''

वैद्य ने निराशा से सिर हिला दिया।

उस व्यक्ति ने पास खड़े चोबदार से कहा : देख नानगा! काशीराज के पास घुड़सवार भेजकर इत्तला करा दे कि महात्माजी की हालत पहले से भी अधिक बिगड़ गई है।

यह कहकर उसने फिर वैद्यजी की ओर देखा। वे इस समय कोई नया नुस्सा सोच रहे थे।

कुछ ही देर में बात सबमें फैल गई। बातें चल पड़ीं।

एक ने कहा : वेदों का महात्माजी ने ही उद्धार किया।

दूसरे ने दाद दी : निगमागम की तो बात ही कोई नहीं पूछता था। म्लेल्छों के राज्य ने सबको ऐसा डरा दिया था। महात्माजी ने राम-राज्य की याद दिलाकर लोगों का भय दूर कर दिया।

'कौन जानता था? सब अपने पुराने धरम को भूल चले थे। किसी में मरजाद नहीं रही थी। गुसाईंजी ने सबको झकझोर कर जगा दिया।

श्रीमद वक्र न कीन्ह केहि
प्रभुता बधिर न काहि,
मृगनयनी के नयनसर
को अस लाग न जाहि,

लेकिन मद के झूठे कवच तोड़कर गुसाईं जी ने लोगों को जगाया।'

'ठीक कहते हो—बाबा ने ही कहा था—

राज करत बिनु काज ही
करैं कुचालि कुसाज
तुलसी ते दसकन्ध ज्यों
जइहैं सहित समाज।'

"क्या कहते हो? धीरे कहो। कहीं कोई सुन न ले!"

"यहाँ कौन सुनता है? मैं क्या डरता हूँ—

भागे मल, आड़ेहु भलो,
भलो न घाले घाउ
तुलसी सबके सीस पर
रखवारो रघुराउ।'

"यह तो ठीक है पर अपने पाँव में कुल्हाड़ा मारना भी ठीक नहीं—

पाही खेती लगन वट
ऋन कुब्याज, मग खेत,
बैर बड़े सों आपने
किए पाँच दुख हेत।"

परन्तु यह बातें फिर आपस में बंट गईं और एक उदासी सब पर आ घिरी।

वैद्यजी धीरे-धीरे सीढ़ी से उतर चले। वे बड़े-बड़े आदमी भी अपने गम्भीर मुखों को लिए अपनी पालकियों में आकर बैठ गए। भीड़ श्रद्धा से खड़ी रही है। वहाँ लोग समझ नहीं पा रहे थे, कि वे क्या करें? तुलसीदास जा रहा था। वह जिसने उन्हें साहस दिया था, जिसके शब्दों में रामचन्द्र के कोदण्ड की प्रत्यञ्चा की टंकार गूँजा करती थी। जिसके मुख से अयोध्याकांड सुनकर सहस्रों नर-नारी ज़ार-ज़ार आँसू बहाने लगते थे। आज उनका वही प्रिय तुलसीदास जा रहा था।

वे कैसे उस वेदना को सहज ही सह सकते थे?

नारायण द्वार पर खड़ा हुआ था। उसके नेत्रों में असीम दुःख था।

मलूक ने सुना। तुलसीदास धीरे-धीरे बुदबुदा रहे थे—

बालपने सूधे मन राम सनमुख भयो
रामनाम लेत, माँगि खात टूक टाक हौं,
पस्यौ लोकरीति में, पुनीत प्रीति रामराय
मोहबस बैठो तोरि तरक तराक हौं।
खोटे-खोटे आचरन आचरत अपनायो
अंजनीकुमार सोध्यो राम पानि पाक हौं,
तुलसी गुसाईं भयो, भोंड़े दिन भूलि गयो
ताको फल पावत निदान परिपाक हौं।

वह मन्द-मन्द स्वर जब नारायण के कानों में पहुँचा तब उसकी आत्मा में प्रार्थना की तन्मयता भर गई।

तुलसीदास फिर गाने लगे—

असन बसन हीन, विषम विषाद लीन
देखि दीन दूवरो करै न हाय हाय को?
तुलसी अनाथ सों सनाथ रघुनाथ कियो
दियो फल सीलसिन्धु आपने शुभाय को।
नीच यहि बीच पति पाइ भरुआइगो
बिहाय प्रभु भजन बचन मन काय को।
तातें तनु पेषियत घोर बरतोर मिस
फूटि फूटि निकसत लोन राम राय को।

"गुरुदेव!!" नारायण ने पाँवों पर हाथ रखकर आकुल कण्ठ से पुकारा— "गुरुदेव!!"

"कौन? नारायण?" उन्होंने आँखें खोलकर कहा।

"गुरुदेव! यह आप क्यों दुहरा रहे हैं!"

"बेटा! जितनी बार नाम मुँह से निकले उतना ही अच्छा है। अब उसके सिवाय सुननेवाला है भी कौन?"

"पर इतनी प्रार्थना करने से भी तो कुछ नहीं हुआ?"

"राम-राम! बेटा! ऐसा न कह। पाप की बात न कर। दीनबन्धु के दरबार में पहुँचना सहज नहीं है नारायण!" तुलसीदास ने अबके दृढ़ स्वर से गाया—

जीवौं जग जानकी जीवन को कहाय जन,
मरिबे को वारानसी, बारि सुरसरि को।
तुलसी के दुहुं हाथ मोदक हैं ऐसे ठाउँ,
जाके जिए मुए सोच करि हैं न लरिको।
मोको झूठो साँचो लोग राम को कहत सब,
मेरे मन मान है न हर को, न हरि को।
भारी पीर दुसह सरीर तें बिहाल होत,
सोऊ रघुबीर बिनु सकै दूरि करि को।

उस स्वर में मानस की गहराइयों का जो अटूट विश्वास था उससे नारायण का हृदय दृढ़ हुआ। परन्तु वह भावना के उद्वेग में कभी-कभी डगमगाते जहाज़ की भांति अपने मन को रोकने की चेष्टा करने में लग गया।

मलूकराम ने कहा : नारायण! पानी ले आ जाकर।

नारायण ने कहा : जाता हूँ।

वह कलश लेकर चला गया।

"जा पूजा कर आ वत्स।" तुलसीदास ने कहा।

मूलक अब राम की पूजा करने बगल की कठोरी में चला गया। तुलसीदास खुले पटों में से देखते रहे।

और वे गुनगुना उठे—

सीता पति साहेब, सहाय हनुमान नित
हित उपदेस को महेस मानो गुरू कै
मानस बचन काय सरन तिहारे पायँ
तुम्हरे भरोसे सुर मैं न जाने सुर कै,
व्याधि भूत जनित उपाधि काहू खल की,
समाधि कीजै तुलसी को जानि जन फुर कै,
कपिनाथ, रघुनाथ, भोलानाथ, भूतनाथ,
रोगसिंधु क्यों न डारियत गायखुर कै?

कुछ देर के लिए निस्तब्धता छा गई। मलूक एक कोने में बैठा देखता हुआ मन ही मन सोच रहा था। तुलसीदास ने ही फिर तान छेड़ी—

कहौं हनुमान सों सुजान रामराय सों
कृपानिधान संकर सों, सावधान सुनिए।
हरष विषाद राग रोष-गुन दोष-भई,
बिरची बिरचि सब देखियतु दुनिए।
माया जीवकाल के, करम के, सुभाय के,
करैया राम, वेद कहैं, साँची मन गुनिए,
तुमतें कहा न होय, हाहा! सो बुझैये मोहिं,
होहूँ रहौं मौन ही, बयोसो जानि लुनिए।

और फिर उसने देखा वे शान्त-से दिखाई देने लगे। मानो वे जो बो चुके थे, उसी के फल काट रहे थे, इसे वे पहचान गए थे।

सचमुच अन्तिम बेला पास आ रही थी।

तुलसीदास ने कराहा : नारायण!

गुरुदेव?

फिर उत्तर नहीं आया। लगता था वे सो गए थे।

आज यात्री को बहुत कुछ याद आ रहा था।

मृत्यु की विकराल छाया आज तक जीवन के पाँव पकड़कर चलती रही थी, परन्तु अब ऊपर चढ़ने लगी थी और जैसे बाढ़ का पानी बढ़ता जा रहा था, वह आज उस वृद्ध को अपने भीतर सदा के लिए डुबा लेना चाहती थी।

सुदूर का अन्धकार निकट आने लगा और जैसे मन बहुत दूर किसी अतलांत अँधेरी गहराई में फिर भटकने लगा, जिसमें कहीं भी प्रकाश दिखाई नहीं देता था।

नारायण आया और चला गया।

तुलसीदास को याद आने लगा!

बाजे बजने लगे। स्त्रियाँ गा रही थीं–

आल हि बाँस के माँड़व मनिगन पूरन हो
मोतिन्ह झालरि लागि चहूँ दिसि झूलन हो,
गंगाजल कर कलस तौ तुरित मँगाइय हो
जुवतिन्ह मंगल गाइ राम अन्हवाइय हो।

कौन गा रहा है यह!!

कुछ नहीं, यह गीत तो राम के प्रति है, उससे भी और पुरानी है यह स्मृति। कहाँ जाकर रुकेगी?

केवल जन-श्रुति पर।

सचमुच स्त्रियाँ गा रही थीं।

क्वां-क्वां कर बालक का स्वर सुनाई दिया।

पण्डित आत्माराम दुबे का हृदय उछल पड़ा।

दाई ने कोठे से निकलकर कहा : पंडितजी, कड़े लूंगी। लड़का हुआ।

घर के बाहर सम्बन्धियों ने आकर भीड़-सी कर रखी थी। आत्माराम बाहर आए तो लोगों ने कहा : बधाई है पण्डितजी, वंश चलाने वाला आ गया।

विश्वम्भरनाथ ने कहा : सातों-सातों पीढ़ियाँ तर गईं।

और उनके पतले मुख पर उनके होंठ कानों तक फैल गए।

टहलनी पान रख गई।

उस आनन्द में कोठे में थाली बजने की आवाज़ आई। जन्म होते ही बच्चे का भय छुड़ाया जा रहा था, ताकि वह शब्द का आदी हो जाए, बड़ा हो जाने पर ज़रा-ज़रा से कोलाहल पर चौंक न उठा रहे।

आत्माराम दुबे बैठ गए। वक्ष फूला हुआ था, मस्तक झुका था। अधेड़ होने पर उनके घर पुत्र आया था। उन्होंने आशा छोड़ दी थी। उस समय अचानक भगवान ने उनकी प्रार्थना को स्वीकार कर लिया था।

द्वार पर से नाइन ने इशारा किया।

आत्माराम ने जाकर कहा : क्या है?

नाइन ने घूंघट में से कहा : हालत अच्छी नहीं है। वैद्यजी को बुलवा लें।

आत्माराम ने सुना तो धरती पाँवों के नीचे से खिसक गई। गले में पड़े दुपट्टे को कसकर पकड़ लिया और काँपते कंठ से पूछा : क्यों? क्या बात है?

''होश में नहीं है।'' नाइन ने उत्तर दिया।

''कौन? बच्चा?''

''नहीं पण्डितजी, माँ।'' नाइन ने कहा—''बच्चा तो ठीक है। पर पलेगा कैसे?''

पण्डित बाहर आए तो उनके चेहरे पर उदासी को लोगों ने ऐसे जमा हुआ पाया जैसे तम्बू में ऊँट आ गया था। खुशी बेचारी मालिक की तरह ठंड में सिकुड़ी हुई एक कोने में बैठी काँप रही थी।

''क्या हुआ?'' विश्वम्भरनाथ ने पूछा।

गंगादयालु ने कहा : ''खैर तो है?''

''बच्चे की माँ बेहोश है।'' पण्डित ने लरजती आवाज़ से उत्तर दिया।

''अरे तो घबराते क्यों हो?'' विश्वम्भरनाथ ने अपने चिकने-चुपड़े स्वर में कहा—'ठीक हो जाएगी। वो महाराज! स्त्री के लिए कोई ऐसे रोता होगा?''

पण्डित सकपका गए। वे मन ही मन चोट खा गए परन्तु वे हुलसी को बहुत चाहते थे। बहुत प्रेम करते थे। सांत्वना नहीं हुई।

गंगादयालु ने कहा : डरो मत आत्माराम! भगवान सबका भला करता है। उसकी मर्ज़ी के बिना कुछ नहीं होता।

आग ठण्डी होने लगी।

और तभी विश्वम्भरनाथ ने कहा : बच्चा भी तो अपना भाग लेकर आता है पण्डित! उसे अगर परमात्मा जिलाएगा तो उसे भी जिलाएगा जो उसे पालेगी।

''क्यों नहीं?'' गंगादयालु ने कहा—'सन्तान का मोह ही ऐसा होता है। वह रोकर दूध मांगेगा, तो माँ तो यम से छूटकर आ जाएगी!''

और पण्डित आत्माराम दुबे के सामने अब एक ही बात बड़ी होने लगी : बच्चा भी तो अपना भाग्य लेकर आया होगा, बच्चा भी तो अपना भाग्य लेकर आया होगा?

वे बाहर चले गए।

निस्तब्धता छा गई थी।

वैद्यजी निराश से जा रहे थे। पण्डित आत्माराम ने दोनों हाथों से सिर के बाल नोंच लिए।

हुलसी का शव बाँधा जा रहा था। नाइन एक छोटे सद्यःजात बालक को लेकर खड़ी थी।

विश्वम्भरनाथ ने कहा : पण्डित धीर धरो। स्त्री फिर आ जाएगी। कोई ऐसे स्त्री के लिए सबके सामने व्याकुल होकर औरों को हँसने का मौका नहीं देता।

गंगादयालु ने सिर हिलाया। मानो वे भी यही कहना चाहते थे।

हठात् द्वार पर वयोवृद्ध ज्योतिषी रामेत दिखाई दिए। वे आगे बढ़ आए। उन्होंने शव देखा तो अपने गंम्भीर परन्तु काँपते कण्ठ से कहा : कौन? तू चली गई?

उन्होंने इतना कहकर रहस्य भरी दृष्टि से आकाश की ओर देखा। उस दृष्टि में एक अज्ञात भय की भावना थी जिसे देखकर सब आतंकित हो उठे। नाइन का हाथ काँप गया। बच्चा सस्वर रो उठा।

रामेत के सिर के सफेद बाल हिल उठे। उन्होंने गम्भीरता से नाइन की ओर देखा और वे हँसे।

उस विकराल हास्य को सुनकर सब थर्रा गए।

गंगादयालु भयार्त्त-सा फुसफुसाया : क्यों हँसे? महाराज क्यों हँसे?

पण्डित रामेत ने उँगलियों पर कुछ हिसाब लगाया और सिर हिलाकर संस्कृत में कुछ बड़बड़ाए—जो स्पष्ट सुनाई नहीं दिया, परन्तु यह पता चल गया कि वे कुछ ज्योतिष का हिसाब लगा रहे थे।

आत्माराम सिर झुकाए बैठे थे। विश्वम्भरनाथ ने धीरे से कहा : होश में आओ आत्माराम! महाराज से पूछो वे क्या कहना चाहते हैं?

परन्तु आत्माराम वैसे ही बैठे रहे, जैसे वे निश्चेष्ट हो गए थे। वे सुनते हुए भी जैसे समझ नहीं पा रहे थे। आँखें फटी हुई थीं। मुख पर एक आर्द्र वेदना झलक रही थी।

गंगादयालु ने रोष से आत्माराम की ओर देखा, फिर जैसे विश्वम्भरनाथ से आँखों में ही राय ली। विश्वम्भरनाथ ने इंगित किया।

गंगादयालु ने वृद्ध ज्योतिषी के पाँव पकड़कर कहा : महाराज! आत्माराम दुबे इस समय मोहग्रस्त हो रहे हैं। वे स्त्री-वियोग में अपने कर्त्तव्य को भी भूल गए हैं।

''यह भूलना,'' वृद्ध ने कहा—''स्वाभाविक ही है गंगादयालु! भाग्य बड़ा बलवान है। उसके सामने मान्धाता और रन्तिदेव की भी नहीं चल सकी, फिर आत्माराम तो हैं ही क्या!''

वृद्ध का कठोर स्वर आत्माराम के व्यक्तित्व को छोटा करता हुआ उसके मन के भीतर उतर गया।

''पण्डित जी!'' आत्माराम गिड़गिड़ा उठे : ''मैं क्या करूँ? भगवान ने ही दिया था तो इधर देकर उधर क्यों छीन लिया?''

''छीन लिया?'' रामेत ने कहा—'अभागे लाचार! तू क्या दैव से भी बलवान बनना चाहता है? जानता है जब बालक का जन्म देता है तो वह मुट्ठी बाँधकर क्यों आता है? नहीं जानता न? तो सुन! वह अपने हाथ में रेखाएं छिपाकर आता है। उन रेखाओं

को विधाता अपने हाथ से खींचता है। त्रिभुवन में कोई शक्ति नहीं जो उन रेखाओं को बदल दे। प्राणी आता है और वे रेखाएँ उसे नचाती हैं। एक दिन वह मुट्ठी खोलकर चला जाता है।

उस समय सम्बन्ध की स्त्रियाँ रो पड़ीं। उनका वह मनहूस स्वर सुनकर रामेत को जैसे चेतना-सी आ गई। उन्होंने हाथ उठाकर जैसे सुदूर बसे हुए नेपथ्य की ओर इंगित करके कहा : सुनता है, मृत्यु रो रही है! वही इस मूलों में जन्म लेने वाले बालक का दुर्भाग्य है। यह बालक नहीं जन्मा है, यह तेरे सारे कुल को नष्ट कर देने वाला कुठार पैदा हुआ है!

''महाराज!'' आत्माराम ने रोते हुए दया की भीख माँगी। कहा : 'अबोध बालक पर इतना बड़ा लांछन किसलिए?''

'अबोध!' रामेत ने क्रुद्ध-से स्वर में कहा : त्रिभुवन को मूर्छित करने की सामर्थ्य रखने वाला हलाहल कालकूट भी कितना था, याद है न? एक हथेली के गड्ढे में समा गया था। लेकिन उसे पीने वाले देवाधिदेव शंकर का भी गला भीतर ही भीतर जल गया था। है तुझमें शंकर जैसी समार्थ्य?''

''महाराज!'' आत्माराम ने दोनों घुटनों में मुँह छिपा लिया। कितना भयानक था वह सब!

''तो क्या?'' गंगादयालु ने कहा : ''यह बिच्छू पैदा हुआ? जिस कोख से जन्मा, उसे ही इसने फाड़ दिया?''

रामेत ने सिर हिलाकर कहा : अपना ही नहीं, यह बालक समस्त कुटुम्ब का सर्वनाश कर देगा।

गंगादयालु और विश्वम्भरनाथ की आँखों के आगे अँधेरा नाचने लगा।

''आत्माराम!'' गंगादयालु चिल्लाया।

उन्होंने नहीं सुना।

''सुनते हो?'' विश्वम्भरनाथ ने अब विकराल दृष्टि से देखते हुए कहा। ''महाराज क्या कह रहे हैं?''

''नहीं, नहीं।'' आत्माराम ने दोनों हाथ हिलाकर कहा : ''महाराज से भूल हो गई है। वे नहीं जानते। जन्म देने वाला तो भगवान है। कौन इस संसार में आकर नहीं मरता? कहाँ है वे जो अमर रहना चाहते थे? सब ही एक न एक दिन इस संसार से चले जाते हैं। यदि कोई किसी दूसरे के भाग्य से मरता है, तो उसका अपना भाग्य कहाँ जाता है? इसका अर्थ यही है कि सभी अपने ही भाग्य से जीते और मरते हैं। यह झूठ है।''

''झूठ है!!'' पंडित रामेत गरज उठे। ''घर में स्त्री का शव रखा है और दुराचारी तू शास्त्रों को झूठ कहता है? तेरे पाप के कारण ही तेरे घर में राक्षस का जन्म हुआ है। और वही एक दिन सबका सर्वनाश करके रहेगा।'' उन्होंने उपस्थित कुटुम्बियों की ओर देखकर कठोर स्वर में ही कहा : ''जो चारवाक को ही सब कुछ मानता है, उससे

मैं विवाद करना नहीं चाहता।''

चारवाक!!

क्या कह रहे हैं पंडित रामेत!!

आत्माराम दुबे पर यह लांछन!!

पंडित आत्माराम दुबे का सदाचार और पवित्र जीवन सोरों में नहीं, आस-पास तक प्रसिद्ध है।

''नहीं।'' गंगादयालु ने हठ स्वर में काटकर कहा—''महाराज शान्त हों। पंडित आत्माराम दुबे देवपाठी ब्राह्मण हैं। उन्होंने आज तक कुलीन और शुद्ध ब्राह्मण की भांति जीवन व्यतीत किया है। आप उन्हें इस प्रकार नहीं कह सकते। माना कि स्त्री-वियोग में आरत हो रहे हैं और क्षण-भर के लिए अपने-आपको भूल गए हैं, परन्तु क्या वे अपने कर्त्तव्य और धर्म को भूल जाएँगे? वे धर्मनिष्ठ हैं। उनमें कलियुग का कोई भी चिह्न नहीं है। उन्होंने कभी भी वेद के बताए मार्ग पर चलने में तर्क नहीं किया और आज भी वे शास्त्र के विरुद्ध तर्क नहीं करेंगे।''

आत्माराम दुबे ने विह्वल स्वर से गंगादयालु की ओर देखकर कहा : तुम भी गंगा! तुम भी!!

वे कह नहीं सके। उनका गला रुंध गया। हठात् दृष्टि शव पर जाकर रुक गई। वे देखते रहे गए।

विश्वम्भरनाथ ने कहा : क्या देखते हो? यही है तुम्हारी हुलसी। मेरी भाभी यही लगती थी न? कितने अच्छे स्वभाव की देवी थी। कितनी पतिव्रता थी। कितनी धर्मनिष्ठा और पवित्र थी। तुम्हें तो वह प्राण के समान थी न! कहाँ वह पंडित आत्माराम? कहाँ है वह?

''भइया वह सो गई है।'' आत्माराम ने आँखों पर हाथ रखकर दारुण वेदना से सिर हिलाते हुए कहा—''वह सो गई है!''

पंडित की बात सुन स्त्रियाँ फिर रो पड़ीं। दिखावे भर को रोनेवाली कुटुम्ब की सम्बन्धिनी स्त्रियाँ भी विचलित हो गईं। उनका तो सगोत्र नाता भी न था। अपने-अपने पुरुष के माध्यम से वह सम्बन्ध इस परिवार में आकर जुड़ गया था। परन्तु हुलसी का पति उसे इतना चाहता है यह तो उनके लिए ईर्ष्या का विषय था। क्या उनके पति भी उन्हें इतना ही चाहते हैं? हुलसी का जीवन सफल हुआ। और फिर सुहागिन ही मर गई। इससे अधिक सुख इस संसार में स्त्री के लिए है ही क्या? यही एक वेदना रह गई कि बच्चे को पाल नहीं सकी, परन्तु बच्चा तो राक्षस हुआ है। कुल का नाश कर देगा!

कुल का?

आतंक घहराने लगा।

अपने-अपने बच्चों की सूरतें याद आने लगीं।

कम्बख्त यहीं आकर पैदा हो गया। जन्म लेते ही माँ को खा गया।

विश्वम्भरनाथ ने कहा : सो नहीं गई है, मर गई है। मिट्टी हो गई है। अब इसे मरघट ले चलने की बेला आ गई है पण्डित। उठो! स्नेह की वेदी पर वह अपना बलिदान दे गई हैं। इस पापी सन्तान को जन्म देते ही वह मर गई है। उसका तो इस कुल-नाशक से इतना ही सम्बन्ध था।

''ऐसा न कहो!'' आत्माराम ने कहा : ''ऐसा न कहो! वह भी भगवान का ही भेजा हुआ है।''

गंगादयालु तीखे स्वर से चिल्ला उठा : तुम अन्धे ही गए हो पण्डित? तुम कर्त्तव्य और अकर्त्तव्य भूल गए हो। तुम नास्तिकों की तरह शास्त्र से तर्क करके अपने पितरों को घोर कष्ट और पाप दे रहे हो। तुम्हें लज्जा नहीं आती? तुम एक बालक के पीछे सारा कुल नष्ट कर देना चाहते हो? तुम अपने घर में उजाला करने के नाम पर अपनी ही चादर में आग लगा रहे हो और नहीं समझते की तुम्हारी इस मूर्खता के कारण तुम ही नहीं, तुम्हारा घर ही नहीं, बल्कि सारा पड़ोस तक भस्मीभूत हो जाएगा! इस पुत्र का तुम्हें त्याग करना ही होगा।

''त्याग!!'' आत्माराम ने दोनों हाथों से सिर को पीट लिया। और चिल्लाए, ''किसका त्याग! पुत्र का?''

''पुत्र का नहीं रे पागल,'' वृद्ध रामेत ने कहा—''इस मासपिण्ड का, जो आते ही माता का भक्षक बन गया। जो कल से एक-एक करके इस आँगन और आँगन के बाहर बैठे सब स्त्री-पुरुष, आबाल वृद्धों को खा जाएगा! और बाद में तुम्हें भी खा जाएगा। आत्माराम तुम जो इससे इतना स्नेह दिखा रहे हो, तुम भी नहीं बचोगे।''

''शान्त हों महाराज!'' विश्वम्भरनाथ ने कहा : 'स्वयं श्रीकृष्ण भगवान ने कहा है कि कुल के लिए व्यक्ति, ग्राम के लिए कुल, जनपद के लिए ग्राम और राजा के लिए जनपद का त्याग करना उचित है। यह तो धर्म का प्रश्न आ उपस्थित हुआ है। क्या पंडित आत्माराम बिरादरी के ऊपर अपने को गिनते हैं? मैं सारे ब्राह्मणों की ओर से पूछता हूँ। क्या वे अपने को सबसे अलग गिनते हैं?''

आत्माराम विचलित से दिखाई दिए। कुल की एक वृद्धा ने कहा : बेटा आत्मा! कैसे चुप हो रहा है। ऐसा तो नहीं हो सकता न? त्याग दे। वह पुत्र नहीं है। वह कुल के लिए अभिशाप है। मैं फिर तेरा ब्याह कराऊँगी। भगवान चाहेगा तो फिर राजा दशरथ की भाँति तेरे आँगन में एक छोड़ चार-चार घुटुरवन खेलेंगे। इस कुलनाशक को त्याग दे बेटा, इसे त्याग दे।

पंडित आत्माराम ने गिड़गिड़ाकर कहा : त्यागता हूँ चाची, त्यागता हूँ...

परन्तु वे सह नहीं सके। कहने के साथ ही आवेश में आकर मूर्छित होकर वहीं गिर पड़े।

गंगादयालु ने कहा : कहाँ है वह बालक?

परन्तु बालक वहाँ नहीं था। नाइन भयभीत होकर उसे लेकर पहले ही चली गई थी।

"पता नहीं।" विश्वम्भरनाथ ने उत्तर दिया।

वे सब भयभीत हो गए।

नाइन बच्चे को घर खुला आई थी। उस पर किसी को सन्देह नहीं हुआ। वही बालक आज वृद्ध-सा शैय्या पर पड़ा था।

"आह!" वृद्ध तुलसीदास ने कहा।

"क्या हुआ गुरुदेव?" मलूक ने पूछा।

"बहुत दर्द होता है बेटा!"

"बाय का दर्द है गुरुदेव। मैं दबाई तो नहीं जानता, पर एक अघोर भभूत देता है।"

"अघोर? वह क्या जाने वत्स! वह तो मेरे राम को नहीं जानता। वह तो पापी है। श्रुति का मार्ग छोड़कर मनुष्य जीवन को नष्ट कर रहा है।"

मलूक प्रभावित हो गया। बोला : गुरुदेव पाँव दबा दूँ?

"नहीं वत्स!"

"क्या हुआ मूलक?" नारायण ने झांककर पूछा।

"दर्द बढ़ गया है।"

नारायण ने सिर हटा दिया। और तुलसीदास को फिर झपकी-सी आने लगी। फिर नयनों में चित्र-से आने लगे।

वे सोचने लगे।

वह जीवन एक अबोध सत्ता थी। इतना तो याद नहीं तब भाव क्या था, क्या नहीं था। केवल भूख लगने पर रोना, प्यास लगने पर रोना, यही आत्माभिव्यक्ति का एकमात्र ढंग था। वह रुदन, वह असहाय पुकार नाइन के हृदय को छू लेती थी। उसे भी तो डर हो सकता था कि जिसे पाल रही है वह अनिष्टकारी होने के कारण कहीं उसे ही न मार डाले? परन्तु उस अशिक्षित स्त्री के सामने जैसे अपने-तेरे के भेद का बन्धन नहीं था।

वह तो शाश्वत नारी थी। मानव की सन्तान अपने छोटे-छोटे हाथ-पाँव उठा-उठाकर पटकती रहे तो उसका हृदय कैसे चुप रह सकता था। वहाँ जाति, कुल, मर्यादा, धन, व्यवहार और स्वार्थ, कुछ भी नहीं थे। वहाँ तो केवल एक करुणा थी, एक ममत्व था। वह अपनापन उस समय जो मिल गया था, वही आज तुलसीदास बनकर पड़ा है।

तब क्या रहा होगा?

फिर उस स्त्री ने संबल दिया?

मालूम नहीं। पर धुन्ध-सी जागती है।

दूध मिलता रहा, जीवन किसी तरह चलता ही रहा।

फिर वह एक बहुत हल्की-सी याद है। वह कभी मारती थी तब बच्चा रोता था। फिर न जाने क्यों वह अनाथ बालक को अपने वक्ष से लगाकर उसके कोमल गालों को चूमने लगती थी। बालक की हिचकियाँ बन्द हो जाती थीं। वह सुख से मुसकराता।

फिर!!

फिर वह घुटनों पर चला था। वह स्त्री ताली बजाकर खिलाती थी। और भी तो आँगन में कोई होता था, जो बालक को खाट की पाटी पकड़कर चलना सिखाता था। वह कौन था!!

वह नाई रहा होगा।

और नाइन? अब तक ऐसा लगता है जैसे अत्यन्त प्रेम से सिंचित दो नेत्र देख रहे हों, सुदूर आकाश में हैं वे, पर अभय-सा देते हुए निरन्तर देखते रहे हैं।

वह माँ की आँखें नहीं हैं। पर नाइन की आँखें हैं। करुणा, निष्कलंक, और लगता है उस दृष्टि से महान कुछ है ही नहीं, वह तो जीवन की आदिशक्ति है। पालनेवाली प्रभा ही वास्तव में चिरंजीव भय है, सनातन कल्याण है...

बालक चार वर्ष का था।

एक घर-सा था।

उसमें अनेक लोग आ गए थे। वहाँ कुछ औरतें रो रही थीं। बालक भागा-भागा—''अम्मां', ''अम्मां'' कहता आया था। किसी बूढ़ी स्त्री ने रोक लिया था।

''कहां जाता है बेटा?''

''अम्मां पाच।''

तोतली बोली सुनकर ही सम्भवतः कुछ लोग हंस दिए थे।

किसी ने कहा : इसे बाहर ले जाओ। ले जाओ इसे।

फिर किसी ने उठाकर गोदी में ले लिया था और बाहर लेकर चला गया था।

शाम हो गई थी।

आज कोई नहीं था।

घर में अँधेरा था।

सब भूल गए थे कि बालक कहाँ था।

बालक कोठे में से निकला था और दालान में आ गया था। उसे कुछ दिखाई नहीं दे रहा था। अँधेरा छा रहा था।

''अम्मां! अम्मां!!'' बालक ने भयभीत स्वर से पुकारा था।

कुछ नहीं हुआ था। किसी ने जवाब नहीं दिया था। वह अपने छोटे-छोटे पाँव रखता इधर-उधर घूमने लगा था। उसे डर लगा था। वह रोने लगा था।

भूख लग रही थी।

पर वहाँ तो कोई नहीं था।

वह द्वार के पास गया। खोलने का यत्न किया, पर वह बन्द था। खुला नहीं।

कुछ देर तक वह वहीं खड़ा-खड़ा रोता रहा।

फिर थककर बैठ गया था।

अँधेरा डराता था। बालक ने आँखें मींच ली थीं। मुट्ठी बाँधकर वह दरवाज़े से चिपककर बैठ गया था। और फिर रोते-रोते ही वह सो गया था।

जब आँख खुली तो वह खूब रोया था, पर किसी ने नहीं सुना था।

वह फिर विह्वल-सा सो गया था। सो गया था या अपने-आपको भूल गया था।

सुबह हो गई थी।

बालक की आँख खुल गई थी।

वह भूख और प्यास से बड़े ज़ोर से रो रहा था।

किसी ने बाहर से दरवाज़ा हिलाया था।

बालक और ज़ोर से रोने लगा था।

द्वार खुला था। एक वृद्धा दिखाई दी थी। उसने बड़ी दया से देखा था। बालक रूठा हुआ-सा मुंह फेरकर रो रहा था। गोरा-सा बालक। छोटा-छोटा। बड़ा-सा सिर था उसका।

फिर कुछ और लोग आए थे। उनमें स्त्रियाँ भी थीं।

वे लोग आपस में बातें करने लगे थे।

''क्यों रे! भूखा है?'' वृद्धा ने पूछा था।

बालक तब उसकी छाती से लगकर रोने लगा था।

सबके नेत्रों में आँसू आ गए थे।

वृद्ध तुलसीदास के नेत्रों में अब भी पानी आ गया। आज वे उस धुंधली-सी छाया में अपने जीवन का प्रारम्भ याद कर रहे थे। कितना दारुण था वह समय!! फिर याद आने लगा।

''मैं ले जाऊँगी इसे।'' वृद्धा ने कहा था।

किसी ने कुछ कहा था। क्या कहा था, याद नहीं। पर वह बात बड़ी दया से कहीं

गई थी।

वृद्धा ने कहा था : चल बेटा मरने दे सबको। हाय कैसे निर्दयी हैं सब लोग। रात-भर बच्चा भूखा-प्यासा तड़पता रहा। अरे बोलना ही जानता तो सबको भूनकर रख देता। यह तो भगवान है भगवान।

वृद्धा ने दूध दिया था। गिलास मुँह से लगाया था। बालक ने रूठकर मुँह फिरा लिया था। जैसे, रात तू कहाँ थी! वह क्या जानता था कि उस पर दया की जा रही थी, यह उसका अधिकार नहीं था। किन्तु जीवन के प्रारम्भ में यह मेरा-तेरा नहीं होता। पहले सीखा जाता है और यही आगे चलकर आत्मा को ब्यूहों में बाँध लेता है।

''पी ले बेटा,'' वृद्धा ने मनुहार की थी।

थोड़ा-सा पीकर बालक ने कहा था : बछ!

वृद्धा ने गिलास हटाकर कहा था : भूख मर गई है?

फिर पेट छूकर कहा : अरे पी। अभी तो तेरा पेट खाली पड़ा है। पी ले, जल्दी पी ले...नहीं तो कौआ गिलास ले जाएगा।

''गाछ!'' बालक ने कहा था, अर्थात् गिलास, और दोनों हाथों से गिलास फिर पकड़कर गट-गट दूध पीने लगा था।

बालक बैठ जाता।

वृद्धा कहती : रामगुलाम!

''अम्मां वी।''

वह र, ल, को व कहता था। तुतलाता था।

'तू कहाँ गया था।''

''बाहव गया था।''

''क्यों?''

''वब्क वे गया था।'

वृद्धा हँसती।

कहती : सुनती हो जेठी!

पड़ोस की कठोर-सी लगने वाली एक बुढ़िया निकल आती। कहती : क्या है?

''मेरा बेटा क्या कहता है?''

''भला तेरा बेटा!'' वह कहती।

बालक देखता, उसे अम्मां में अनन्त स्नेह दिखता। जेठी अत्यन्त कर्कशा थी। वह उससे डरता था। वह कभी-कभी डांटती थी। फिर बालक उसके पास नहीं जाता था। अम्मां के आँचल में मुँह छिपा लेता था।

''क्यों कड़ी बात कहती हो?'' अम्मां कहती।

“कड़ी!! तू ही पछताएगी किसनो! यह तो मंगन कुल का जाया है। इसे तू क्यों ले आई है?”

छिः! जेठी! घमण्ड की बात न करो। कौन किसे ले जाने की सकत रखता है! जो कुछ होता है उसकी मर्ज़ी से होता है।”

अम्मां का हाथ आकाश की ओर उठ गया था।

बालक खिसियाया हुआ बैठा था।

“आ जा बेटा, रोटी खा ले।’ वृद्धा ने कहा था।

बालक चुपचाप उठ आया था।

वृद्धा ने ठिठककर देखा था जैसे चौंक उठी हो।

पूछा : तुझे किसी ने कुछ कहा था?

“नहीं तो!”

“तो तू आज रूठा क्यों नहीं?”

बालक आश्चर्य में पड़ गया।

वृद्धा ने कहा : मेरे लाल। तू रूठ, मैं मनाऊँगी, यही तो तेरा बखत है। फिर कौन किसे पूछता है! अभी से बूढ़ा क्यों होता है ऐसा?

वृद्धा का स्वर काँप उठा था।

बालक चिल्लाया था : “आत्म्मां!” और वृद्धा के गले से चिपटकर रोने लगा था। वह भी रोने लगी थी। पता नहीं वह क्यों रो रही थी। पर वहाँ वे रो अवश्य रहे थे।

तुलसीदास चौंक उठे। वह वही स्नेह था जो अब तक शरीर में रक्त बनकर बह रहा था।

फिर...

रामगुलाम सात बरस का था। समझता था।

वह पथ के किनारे एक दुकान के छज्जे पर बैठा था।

“अरे कौन है रे?” दुकानदार ने पूछा।

नौकर बोला : “वही है राजापुर का कुसौन।”

रामगुलाम ने सुना। सारे कस्बे का कुसौन।

नौकर ने फिर कहा : अरे उठ, यहाँ से चल। गुरु हटता नहीं। देखा!

सामने पण्डित हरिहर आ गए थे। वे बोले : अरे बैठने दे उस बेचारे को। काहे को भगाता है।

“गुरु! क्या कहते हो? तुम तो ब्राह्मन हो!”

“ऐं?” गुरु चौंक उठे—बोले : “क्यों क्या बात है?”

“चौपट कर देता है ये बेटा।” यों कहकर नौकर ने कुत्ते की तरह अकड़ते हुए कहा, “समझे महाराज!” उसने फिर स्वर उठाया, “जनम लेते ही माँ को खा गया। उसके बाद बाप मार डाला। और फिर नाइन ने दूध पिलाया तो चट कर गया। एक बुढ़िया ने दया की तो उसे उड़ा दिया। बड़ा पहुँचा हुआ है। सनीचर है सनीचर। जिधर आँखें घुमा दीं उधर ही दुनिया को चक्कर खिला दिया।”

ब्राह्मण हरिहर ने कहा : अरे! तब तो बड़ा ही मनहूस है यह। भाग बे भाग।

बालक उठ खड़ा हुआ और हताश-सा इधर-उधर देखकर बढ़ चला। पीछे से ठहाका सुनाई दिया।

आज उसका मन विक्षुब्ध था। क्यों सब उससे घृणा करते थे! उसका तो संसार में कोई नहीं था!

बालक को भूख लगने लगी थी।

वह आदत के मुताबिक बढ़ चला। पेट की आग जलने लगी तो सब कुछ स्वाहा होने लगा।

बालक ने एक द्वार पर खड़े होकर कहा : ऐ बाबा! भूख लगी है, रोटी दे ओ बाबा!

भीतर से एक स्त्री ने देखा और क्षण-भर घूरती रही और कहा : पेट में से निकलते ही मांगने चला आता है, ज़रा इसे तो देखो। कैसा कलजुग है मैया! बाबा रोटी दो!

उसने नकल की।

छपाक! किसी ने गिलास भरा पानी उछाल दिया।

बालक भीग गया। भाग चला।

कुछ देर खड़ा रहा। क्रोध आ रहा था। पर भूख लग रही थी। उसने कुएँ पर जाकर पनहारिन से कहा : मैया पानी पिला दे।

“तेरा बाप ही मुझे प्याऊ पर रख गया है।” स्त्री ने चटककर कहा। “पानी पिला दे। भिखारी का बेटा, राजा का-सा हुकम! घर में बच्चे भूखे बैठ होंगे। उन्हें रोटी दूँ कि तुझे चराऊँ?”

वह चली गई।

बालक कुएँ की जगत पर बैठ गया।

कब तक बैठा रहा, याद नहीं।

रात हो गई थी।

वह द्वार-द्वार बिलबिलाता डोल रहा था।

“रोटी दो भागमान!”

"भूखा हूँ।"

"भूखा हूँ।"

"रोटी दो! तुम्हारा भगवान भला करेगा।"

"अरे कौन है?" किसी ने कहा—"कौन है वहाँ?"

"बाबा! एक भूखा लड़का हूँ।"

"लड़का है।" किसी स्त्री ने दया से कहा—"राम-राम! अनाथ हो गया लगता है। हममें इतनी ताकत तो नहीं कि तेरी मदद कर सकें, पर द्वार आया है तो तू भी खाता जा।"

बालक वहीं बैठ गया था।

स्त्री आई थी।

हाथ पर दो रोटी रख गई थी।

कितनी अच्छी लगी थीं वह रोटियाँ! वह धीरे-धीरे खाता रहा था। चाहता था वे रोटियाँ कभी खतम ही न हों। स्त्री भीतर चली गई थी। जब वह खा चुका था तब काँपती हुई दुनिया स्थिर हो चुकी थी। अब बालक को कोई क्रोध नहीं था। केवल संसार की भलमनसाहत का ही चित्र आँखों के सामने था।

आखिर तो देते ही हैं ये लोग!

क्यों देते हैं!!

और फिर वह स्वयं बहुत बुरा है!!

पापी है!!

मनहूस है!!!

इस संसार में सब पर दया करने वाले मौजूद हैं।

उसकी इच्छा हुई गा उठे। सुना हुआ एक भजन गुनगुनाने लगा—

राम तू कृपालु है

राम तू दयालु है।

वह गीत इतना ही था, या इतना ही याद था, यह तब उस बालक को चिन्ता नहीं थी।

इतना वह जातना था कि राम कोई है ज़रूर! क्योंकि जो देता है वह उसका नाम ज़रूर लेता है। जो नहीं देता, वह उसका नाम ही नहीं लेता।

राम कोई अच्छा नाम है। अच्छा ही आदमी है! आदमी!! नहीं वह भगवान है! भगवान है!!

भगवान कौन है?

वही तो सबकी सुनता है!!

मेरी भी वही सुनता है!!

ज़रूर सुनता है, नहीं तो यह रोटी कौन दे देता है? राम ही तो देता है।

बालक का चिन्तन फिर एक व्यथा से भर गया था। राम की कृपा को वह जैसे संभाल नहीं सका था। दया ही तो असंख्य यातनाओं की अनुभूति को जन्म देती है। पशु क्या किसी प्रकार का सम्मान चाहता है? नहीं। मनुष्य क्यों चाहता है?

पेट भरना ही यदि सत्य है तो फिर आत्मसम्मान बीच में क्यों आता है?

पर क्या यह आत्मसम्मान सच है?

नहीं, पेट इससे भी बड़ा सत्य है।

भगवान पेट को ही देता है। दूसरे लड़के प्यार से खिलाए जाते हैं। रामगुलाम द्वार-द्वार टूक माँगता फिरता है। क्यों?

क्योंकि उसके कोई नहीं है।

क्यों नहीं है?

वह बुरा जो है, मनहूस जो है।

वह तो सबको मार डालता है।

पर वह ऐसा क्यों है?

राम ने ही उसे ऐसा बनाया है! राम बड़ा निरदयी है। रामगुलाम ने क्या किया था जो ऐसा उसे दण्ड दिया गया है।

पर सहसा भय जाग उठा।

रामगुलाम तू क्या सोच रहा है!

क्यों?

तू राम को निरदयी कहता है?

अभागे कल से रोटी भी नहीं मिलेगी।

तू नीच है, भयानक है, लोग तुझसे घृणा करते हैं। एक राम ही तो तेरा भरोसा है। वह भी अगर हट गया तो फिर तेरा है ही कौन? और रामगुलाम फिर जल्दी-जल्दी गाने लगा। जैसे वह अपने को अब राम से छिपा लेना चाहता था—

राम तू कृपालु है...

राम तू दयालु है...

राम ने तब नहीं सुना होगा। नहीं, नहीं सुना होगा।

फिर विचार आया—क्यों नहीं सुना होगा?

तो फिर?

कल से भूख!!

हे भगवान दया कर, बालक कह उठा—'तेरे बिना तो मेरा कोई नहीं, तेरे बिना मुझे कौन खाने को देगा, दर-दर जाता हूँ, ठोकरें खाता हूँ, एक तू ही तो मुझे बचाता है। तू भी रूठ जाएगा तो इस संसार में मेरा है ही कौन...

रात को गहरे अन्धकार में बालक बैठा था। एक विशाल छाया सामने डोलने लगी। काली-काली। बालक भय से चिल्ला उठा। वह अकेला था, चारों ओर सुनसान छाया हुआ था। काली छाया पास आकर खड़ी हो गई।

कौन था!!

बिजार!!!

बिजार ने सूं सूं की और फिर अपना ककुम हिलाता हुआ भारी देह को फरफराता हुआ आगे बढ़ गया।

शिव का नंदी है। बालक ने दुहराया।

शिव बड़े मेहरबान हैं। उनके सेवक भूत-पिशाच हैं।

बालक काँपने लगा। थर्रा उठा। अन्धकार में कोई कहीं चिल्लाया। वह बिल्लियाँ लड़ रही थीं। लगा कोई रो रहा था। बालक सिकुड़कर स्तब्ध हो गया और फिर बड़बड़ाने लगा : हनूमान! हनूमान! जय बजरंगबली, जय बजरंगबली!

कब तक वह आँखें मीचे नाम रटता रहा, यह याद नहीं रहा। पर जब आँखें खोली थीं तब पौ-सी फट रही थी।

बालक वहीं सो गया था।

सुबह उसके मुख पर असंख्य घिनौनी मक्खियाँ भिनभिना रही थीं। बाज़ार चलने लगा था।

उठा था तो भूख आँतों में कड़कड़ा रही थी। क्या करता वहीं बैठ गया और हाथ फैलाकर कहने लगा : भूख लगी है बाबा! खाने को दो...कुछ भीख दो...भगवान भला करेगा, राम कृपा होगी...

बालक ने सीधे हाथ से पेट बजाया। और चटाचट की आवाज़ हुई। वह जैसे पेट की सत्ता को बता रहा था कि देखो, यह है, वर्ना मैं तुमसे कभी नहीं माँगता...कभी नहीं माँगता...

वह असहाय छोटा-सा कोमल बालक वहाँ अपने जीवन और सत्ता के लिए पुकार रहा था...अपना अभिमान गलाकर पेट बजा रहा था...

हलवाई की दुकान से गाहक दूध के कुल्हड़ फेंक देते। कुत्ते चाटते। रामगुलाम प्यासी आँखों से देखता हुआ कुत्तों से जलता हुआ होंठों पर जीभ फिराने लगता। गाहक देखते और कहते : अरे यह किसका लड़का है?

"यह लड़का है?" कोई कहता है—"कुत्ता है कुत्ता।"

और जब सब चले जाते तो रामगुलाम कुत्ते से चिपटकर सो जाता। अपनी रोटी में से उसे खिलाता। अब उसे रक्षक मिल गया था। रात का भयानक अँधेरा, बरसात की वे रातें जब बिजली खरतर होकर कड़कती और बादल भयानक स्वर से गर्जन करते, शीत की वे काटती हवाएँ जब दांत से दांत भिंच जाते, गर्मी की वे भयानक लुएं, सब उस कुत्ते के सहारे एक-एक करके कटने लगीं।

रामगुलाम कुत्ते से कहता : क्यों रे तू मुझे छोड़कर तो नहीं जाएगा?

कुत्ता कूं-कूं करता।

रामगुलाम कहता : तू कितना अच्छा है! तू मेरा बड़ा भाई है। देख, सब मुझसे घिन करते हैं, तू मुझे चाहता है। तेरे सिवाय इस दुनिया में मेरा और है ही कौन!

कुत्ता उसके गाल से सिर सटा देता। कितना प्रेमी जीव था! वह जैसे इस बालक की समस्त वेदना को समझता था। वह तो बोलता भी नहीं था, परन्तु यह अनुभूति की गहराई तो जैसे विचार की वस्तु, नहीं, सत्ता के तादात्म्य की वस्तु थी। प्रवृत्ति ने प्रवृत्ति से मेल खाया था। कुत्ता स्नेह से बैठ जाता। वह शेर की तरह गर्दन उठा देता जैसे वह रक्षक था। बालक निर्द्वन्द्व-सा उसकी बगल में लेट जाता। फिर सो जाता? कुत्ता बैठकर पहरा दिया करता। क्यों? क्योंकि रामगुलाम अपनी रोटी में से उसे हिस्सा देता था।

रामगुलाम कहता : तू जानता है सब। सब जानता है। मैं तेरे सहारे से ही जीता हूँ। मुझे रात को बड़ा डर लगता है कुंजू!

कुंजू कुत्ता तब अभय-सा देता। पूंछ हिलाता। फिर वे उठ खड़े होते। कुत्ता डण्ड लगाता और फिर रामगुलाम के साथ दुलकी-सी चाल चलता। रामगुलाम धोती का मैला टुकड़ा पहने रहता। कन्धे पर किसी का फेंका हुआ ढीला-सा एक झगला था। मैला, पैबंद लगा। सिर के बाल कन्धों तक झूलते थे, घने! और उसका मुख सुन्दर था। आँखें बड़ी-बड़ी और गहरी थीं, काली-काली। बचपन भी कैसी आयु है! खाने को नहीं मिलता, पर चेहरे पर मासूमियत रहती ही है, उसे तो कोई नहीं छीन सकता! गाल अपने सहज स्वभाव से कुछ उठे हुए ही रहते हैं। वह छोटा-सा बालक कुत्ते के साथ नंगे पाँव घुटनों-घुटनों तक धूल हुआ पथों पर भीख माँगता डोला करता।

लड़के खेल रहे थे। गेंद तड़ी। वे अच्छे-अच्छे कपड़े पहने थे।

रामगुलाम खड़ा-खड़ा देख रहा था। कुंजू कुत्ता चला गया था।

रामगुलाम की तरफ गेंद आ गई थी। उसने उठाकर फेंकी थी। किसी के सिर में लगी थी। चोट कनपटी में लगी थी।

वह बैठ गया था।

बालकों ने मुड़कर देखा था।

गंदा! मैला कुचैला!!

भिखमंगा!!

"हमारे साथ तू खेलेगा?" वे चिल्लाए।

उन्होंने उसे पकड़ गिराया था। मारा था।

रामगुलाम बहुत रोया-चिल्लाया था।

पर वे मारते ही जा रहे थे।

रामगुलाम बेहोश हो गया था।

जब आँख खुली थी, केवल कुंजू पास था। अंग-अंग में पीड़ा हो रही थी। रामगुलाम अब उठकर बैठा था और वह घुटनों में सिर रखकर फूट-फूटकर रो उठा था। दारुण यंत्रणा ने आज उसे व्याकुल कर दिया था। कौन था उसका सहारा!

कुत्ते ने कूं-कूं करके कुछ कहा था।

अंधेरा घिरा आया था।

वह भाग चला था। कूंजू रक्षा के लिए पीछे भागा था, जैसे एक बार गैरहाज़िर रहने का शोक उससे भूले न भुलाया जा रहा था।

मन्दिर में असंख्य दीपक जल रहे थे।

रामगुलाम भीतर भागा।

लोग चौंक उठे।

आठ बरस का बालक मूर्ति के सामने जगमोहन में चौखट पर सिर पटककर रोने लगा, चिल्लाने लगा : निर्दयी! तू भगवान है? तूने मुझे जन्म क्यों दिया? लोग मुझसे घिन करते हैं। द्वार-द्वार भीख माँगता हूँ। वे मुझे आदमी नहीं मानते। कुत्ते के साथ सो-सोकर कितनी डरावनी रातें काँप-काँपकर काटता रहा हूँ। मैंने क्या किया था? क्यों नहीं मार डालता मुझे? क्यों नहीं मार डालता मुझे...

उसका वह फूट-फुटकर रोना देखकर एक चिल्लाया था : अरे मनहूस! अपने भाग्य को यहाँ रोने आया है? जा निकल यहाँ से।

हलवाई का नौकर बैठा माला फेर रहा था। बोला : अरे यह वही है। जानते हो?

"कौन?"

"राजा पुर का कुसौन।"

सहसा एक लम्बा और गम्भीर मुख का ब्राह्मण गरुण परिक्रमा करते-करते रुक गया।

"हाँ-हाँ', हलवाई के नौकर ने कहा—'तुम नहीं जानते? यह बला सोरों की है।"

"सोरों!" ब्राह्मण अपने-आप बड़बड़ाया।

नौकर कह रहा था : वहाँ आत्माराम दुबे थे। उन्हीं का बेटा है। माँ हुलसी तो जन्म देते ही मर गई। मूलों में जन्म हुआ है इसका। जो पालता है, वही मर जाता है। सारे राजापुर की रोटियाँ तोड़ता फिरता है। मैं कहता हूँ एक दिन सारे कस्बे को इसका दण्ड भुगतना पड़ेगा।

ब्राह्मण आगे बढ़ आया।

स्वामी नरहिर को बालक की ओर बढ़ते देखकर पुजारी चौंक उठे।

"किसका पुत्र है यह?" स्वामी नरहरि ने गम्भीर स्वर से पूछा।

हलवाई के नौकर ने साष्टांग दण्डवत् की और कहा : महाराज! पंडित आत्माराम दुबे का।

"ब्राह्मण का पुत्र!" नरहरि के स्वर में कंप और वेदना भर गई, मानो वे इस दारुण चोट को सह नहीं सके थे।

"हाँ महाराज!"

नरहरि ने देव विग्रह की ओर हाथ उठाकर कहा : अक्षय जीवन के स्वामी! वेद पुरुष! देख रहे हो? कलि का ताण्डव नृत्य हो रहा है! ब्रह्मा के मुख में से जन्म लेने वालों के पुत्र पथों पर घर-घर टुकड़े तोड़ते, कुत्तों के साथ जीवन व्यतीत कर रहे हैं। म्लेच्छों के शासन में और होगा भी क्या प्रभु! देश और प्रजा में धर्म लुप्त हो रहा है।

ब्राह्मण का वह गम्भीर गर्जन सुनकर हलवाई का नौकर थर-थर काँपने लगा। राजापुर के लोग, जो इधर-उधर खड़े थे, वे स्तब्ध हो गए। नरहरि की दीर्घ काया रामगुलाम के पास पहुँच गई। रामगुलाम को लगा स्वयं भगवान उस दिव्यमूर्त्ति में उतर आए थे। उसने उनके पाँव पकड़कर कहा : भगवान मेरे राम! मेरे राम!!

बालक की वह आर्त्तवाणी सुनकर स्वामी नरहरि का हृदय विचलित हो उठा। उन्होंने कहा : "राजापुर और सोरों के निवासियो! तुमने वेदपुरुष का निरादर किया है। तुमने ईश्वर का अपमान किया है। ब्राह्मण ब्राह्मण ही है। जानते हो यह बालक आज क्यों रो रहा था? क्यों नहीं इसने भिखारी और कुत्सित प्राणी की भांति जीना स्वीकार कर लिया? इसलिए कि इसमें ब्रह्मा का तेज है। यह पृथ्वी के देवता का रूप है। यह, यह बालक नहीं है, यह अग्नि है। सनातन काल से चले आते शासन का यह समर्थ उत्तराधिकारी है। तुमने ब्राह्मण के पुत्र को कुत्तों के साथ दारुण दुःख देकर रुलाया है? ऐ मधुसूदन! है राक्षस-कुलहंता! देखते हो? इसी पवित्र जम्बूद्वीप में यह क्या हो रहा है?" ब्राह्मण जैसे व्याकुल हो गया। वह अपने-आपसे बात करने लग गया—"अरे कलि! तेरा इतना दुस्साहस! तू पृथ्वी पर रहने वाली देवज्योति को ही बुझा देना चाहता है? जानता नहीं? ब्राह्मण का बीज अंगार है। अत्याचार की प्रचण्ड झंझा भी उसे बुझा नहीं सकती! नारायण! जनार्दन! धिक्कार है शूकरक्षेत्र के ब्राह्मणों को जिन्होंने अन्धविश्वास में इस बालक को असहाय त्याग दिया। धिक्कार है राजापुर के ब्राह्मणों को जिन्होंने ऋषि गौरव को भूलकर अपने ही स्वजातीय बालक को इतना जघन्य जीवन व्यतीत करने को बाध्य किया। यह कौन है? यह भृगु और अंगिरा की पवित्र सन्तान है। इसी रूप को देखकर स्वयं भगवान रामचन्द्र और स्वयं भगवान श्रीकृष्ण ने वंदना की थी। यह मुनियों की सन्तान है, यह साधारण मानव नहीं है। यह ब्राह्मण है। इसकी वंदना करके प्रायश्चित करो, अन्यथा कलि तुम सबका सर्वनाश कर देगा।"

ब्राह्मण की यह गम्भीर ललकार सुनकर सब लोग काँप उठे।

स्वामी नरहरि ने हाथ बढ़ाकर कहा : "ब्राह्मणो आओ! उद्धार करो। अब तक इस बालक का कोई संस्कार नहीं हुआ। इसे द्विज बनाओ। जो भक्ष्याभक्ष्य, छूआ-अनछूआ

इसने अज्ञान में खाया है, उसका प्रायश्चित कराओ। ब्राह्मण का पुत्र ब्राह्मण है।'' फिर वे हठात् रामगुलाम से बोले : 'तूने म्लेच्छ का तो छुआ नहीं खाया?''

''नहीं भगवान!'' बालक ने गर्व से सिर उठाकर कहा।

नरहरि ने रामगुलाम को वक्ष से लगा लिया और आनन्द से रो पड़े। उन्होंने कहा : देवाधिदेव! तूने रक्षा कर दी। तूने रक्षा कर दी!

''मैने किसी अछूत का दिया नहीं खाया।'' बालक ने कहा।

नरहरि गद्गद हो गए। उन्होंने पुजारी से कहा—चरणामृत दो ब्राह्मण देवता! मैं बालक के समस्त संस्कार करूँगा।

पुजारी ने चरणामृत दिया।

नरहरि ने कहा : तेरा नाम क्या है वत्स?

''रामगुलाम!''

''नहीं। आज से तू रामबोला है। इसे पी जा!''

बालक ने पीकर पाँवों पर सिर रखकर प्रणाम किया। नरहरि ने कहा : ''रामबोला! कल मैं तेरा यज्ञोपवीत संस्कार करूँगा। तू यहीं रह।'' फिर पुजारी से कहा : ''आज इसे खाने को भोग दो ब्राह्मण देवता!''

पुजारी ने कहा : ले तुलसीदास खा ले। इसमें ही समस्त पापों को हर लेने की शक्ति होती है।

''ठीक है,'' नरहरि ने कहा—''आज से रामबोला नहीं, तेरा नाम तुलसीदास है। समझा! अब तू पवित्र हुआ। कल और भी संस्कार होंगे। याद रख तू ब्राह्मण है। ब्राह्मण!'' कहते हुए नरहरि के उन्नत ललाट पर एक गौरव छा गया। उन्होंने हाथ उठाकर कहा : ''वत्स! तेरे पूर्वजों के सामने देवताओं और स्वयं नारायण ने घुटने टेककर वंदना की है। तेरे पूर्वज महर्षि भृगु ने जब क्रुद्ध होकर साक्षात् शेषशायी विष्णु के वक्ष पर पदाघात किया था, तो अनंत नारायण ने मुसकरा कर केवल उनका पाँव दबाकर उन्हें प्रसन्न कर लिया था। तेरे पूर्वजों का क्रोध विकराल था वत्स! अत्याचारी राजा वेन के प्रहारों से जब प्रजा त्राहि-त्राहि करने लगी थी, तब ब्राह्मणों ने उस दुर्धर्ष दुराचारी को हुंकारों से ही भस्म कर दिया था। मदांध सगर के 60,000 पुत्रों ने जब महर्षि कपिल पर लांछन लगाया था तो उस समय ऋषि की एक दृष्टि से वे सब राख होकर गिर पड़े थे। पुत्र! महर्षि दुर्वासा के प्रचण्ड क्रोध के कारण एक ही शाप से छप्पन करोड़ यादवों का सर्वनाश हो गया था। तू उन देदीप्यमान ब्रह्मपुत्रों की सन्तान है। एक-एक ब्राह्मण वेद के रहने का पवित्र स्थान है। आज म्लेच्छों के कारण प्रजा में कलि का अट्टहास हो रहा है और व्यामोह में वे ही पवित्र ब्राह्मण अपने त्रैलोक्य को कंपित करने वाले पराक्रम को भूलकर आप भटक रहे हैं! क्या समझते हो तुम लोग? यह अन्याय यों ही चलता रहेगा? शूद्र ब्राह्मण बन रहे हैं, म्लेच्छ धर्म-नाश कर रहे हैं! चारों ओर वर्णाश्रम का ध्वंस हो रहा है! लेकिन याद रखो। अनेक बार पाप ने सिर उठाया है। कहाँ है वह हिरण्याक्ष और हिरण्यकश्यप, कहाँ

हैं नमुचि और विप्रचित्ति! कहाँ हैं रावण और कंस! फिर अवतार होगा—

और ब्राह्मण का वज्र स्वर गूँजा—

ब्राह्मणक्षत्रियविशां शूद्राणां च परन्तप
कर्माणि प्रविभक्तानि स्वभावप्रभवैर्गुणैः !

योगेश्वर कृष्ण ने कहा है कि हे परंतप! ब्राह्मण, क्षत्रिय और वैश्यों के तथा शूद्रों के भी कर्म स्वभाव से उत्पन्न हुए गुणों के आधार पर धिभक्त किए गए हैं अर्थात् पूर्वकृत कर्मों के संस्कार रूप स्वभाव से उत्पन्न हुए गुणानुसार विभक्त किए गए हैं। यही कारण है कि ब्राह्मण का पुत्र ब्राह्मण ही है। पुत्र! उठ! शेषशायी नारायण ने स्वयं श्रीकृष्ण के रूप में आकर कहा है—

यदा यदा हि धर्मस्य ग्लानिर्भवति भारत
अभ्युत्थानमधर्मस्य तदात्मानं सृजाम्यहम्।
परित्राणाय साधूनां विनाशाय च दुष्कृताम्
धर्मसंस्थापनार्थाय संभवामि युगे युगे!

पुजारी ने बाहर आकर कहा : बोल तुलसीदास! स्वामी नरहरि गुरु हैं! उनके चरण पकड़कर बोल—

नष्टो मोहः स्मृतिर्लब्धा
त्वत्प्रसादान्मयाच्युत।
स्थितोऽस्मि गतसन्देहः
करिष्ये वचनं तव।।[1]

बालक तुलसीदास ने शुद्ध स्वर में धीरे-धीरे अपनी कोमल और पतली आवाज़ में श्लोक दुहराया।

स्वामी नरहरि आनन्द से रोते हुए पुकार उठे—सुनते हो। ब्राह्मण का पुत्र देशभाषा का कैसा शुद्ध उच्चारण करता है। अरे ब्राह्मण के मुख में ही सरस्वती बैठती है। वही परा पश्चंती और वैखरी का स्वामी है। उसकी जिह्वा पर सृष्टि के प्रारम्भ से मृत्युञ्जय गिरा अपना निवास करती आई है। सुनते हो?

सब गद्गद-से खड़े रहे।

भीड़ में से निकलकर किसी ने बालक के मैले वस्त्र उतारकर उसे स्वच्छ वस्त्र पहचाने को बुलाया। बालक को नहलाया गया। पञ्चगव्य पिलाकर वस्त्र पहनाए गए।

गोरे बालक के भीगे और कढ़े हुए केश उसके कन्धों पर बिखर गए। माथे पर चन्दन लग गया। क्षण-भर पहले का भिखारी इस समय कितना सुन्दर लग रहा था। उसके बैठने में कितना गौरव था। आज उसका सिर उन्नत था। वह जैसे सबको भूल गया था। या तो वह भगवान की मूर्ति को देखता था, या फिर गुरु नरहिर के चरणों की ओर।

1. हे अच्युत! आपकी कृपा से मेरा मोह नष्ट हो गया है। और मुझे फिर स्मृति प्राप्त हुई है। इसलिए मैं संशयरहित हुआ स्थित हूँ और आपकी आज्ञा का पालन करूँगा।

आरती होने लगी। असंख्य दीपशिखाएँ अन्धकार में नाचने लगीं। चमचमाते चाँदी, ताँबे और पञ्चधातु के पात्र आलोक में बार-बार भास्वर हो उठते। अगरुधूम जगमोहन में घूमने लगा। गूंजती झालरों और घननाद करते विशाल घण्टे का तुमुलनिनाद मन्दिर और आकाश में गूँजने लगा। ब्राह्मणों के सुख से प्रतिध्वनित होती हुई वेदध्वनि अब अन्तराल में भरने लगी। आरती की शिखाओं के घूमने से कभी भगवान का मुख देदीप्यमान हो उठता, कभी उनके चरण उजागर हो उठते।

असंख्य लोग एक ध्यान एक लौ से तन्मय हुए हाथ जोड़े खड़े थे। कोलाहल ने उनके सांसारिक विद्वेषों को क्षुब्ध करके क्षण-भर को हटा दिया था। वह प्रचण्ड कोलाहल, वह जगमगाती शिखाएँ, वह पवित्र करने वाला अगरुधूम और सस्वर गूँजने वाली वह वेदध्वनि, ये सब मिलकर व्यक्ति को एक महान की ओर ध्यानस्थ करने लगे, वही महान जो साकार रक्षक बनकर धनुष-बाण लिए खड़ा था।

आरती समाप्त हो गई। ध्यान टूटा। लोग चिल्ला उठे—“बोल श्री सीताराम जी महाराज...की जय!”

वह प्रचण्ड स्वर बराबर उठा और गूँजा। तब पुजारी ने आरती का कपूर बाहर फेंक दिया। जलता कपूर गन्ध दे रहा था। लोग उसके धुएँ को छूकर आँखों से लगाने लगे। तुलसीदास ने भी लगाया। सब दण्डवत करने लगे। नरहरि भी लेट गए। तुलसीदास भी लेट गया। जब वे सब उठे तो जीवन हल्का दिखाई दिया।

स्वामी नरहरि स्तुति करने लगे।

पुजारी ने तुलसीदास से कहा : वत्स! तू भी प्रार्थना कर!

बालक ने नरहरि की ओर देखा और अभय मुद्रा देखकर हठात् उसके मुख से निकला—

मेरा भगवान मेरा गुरु है महाराज! वही मेरा राम है।

नरहरि ने आश्चर्य से आँख फाड़कर देखा और फिर विभोर स्वर में पुकार उठे—जनार्दन! गौ, ब्राह्मण और वेदोद्धारक! तेरी लीला तेरी ही। सुवर्ण कैसी भी मिट्टी में मिला रहे, किन्तु सोना सोना ही है, मिट्टी-मिट्टी ही है—

भोर हो गई थी। मंदिर के सामने स्वामी नरहरि बैठे थे। अन्य पंडितजन भी उपस्थित थे। वे रेशमी पटुके गलों में पहने थे और उनकी धोतियाँ पीले रेशम की थीं। वे हवन करने लगे। तुलसी को बिठाया गया। वेदमन्त्रों से उसकी शुद्धि की गई। सिर मुंडा दिया गया। वही बालक जो कल तक सबको भयानक लगता था आज वह शान्त और सौम्य दिखाई देता था। स्त्रियों के मन में भी उसके प्रति करुणा थी। आज उन सब लोगों ने देखा कि वह तो केवल एक छोटा-सा बच्चा था और कुछ भी नहीं। किसने ज़बर्दस्ती यह भ्रम पैदा कर दिया था कि वह भयानक था।

स्वयं नरहरि ने ब्रह्मगांठ तुलसी की अनामिका और अँगूठे के बीच में दबवाकर

कहा : बोल—यज्ञोपवीतं परमं पवित्रं

प्रजापतेऽ.....

तुलसीदास पतले स्वर से दुहराने लगा। उसके कन्धे पर जनेऊ चमकने लगा।

"देखते हो!" नरहरि ने कहा—"कितना तेजस्वी और होनहार लगता है यह ब्राह्मण का बालक!" फिर उन्होंने आकाश की ओर हाथ उठाकर कहा : "हे परमात्मा! ब्राह्मण-सन्तान आज पेट की भूख से व्याकुल होकर द्वार-द्वार भटक रही है। क्या ऐसा दिन नहीं होगा कि फिर से वसुन्धरा मुक्त हो सके।"

पुजारी मंगल ने कहा : "स्वामीजी! सूरी शेरशाह ने जो हुमायूँ को भगा दिया था न, वह मुगल फिर लौट आया है, सुना है मैंने।"

"सब ही एक हैं भाई!" नरहरि ने कहा—"सब ही म्लेच्छ हैं। पाँच शताब्दियाँ बीत गईं म्लेच्छों ने काश्मीर, पंजाब, सिन्धु, बंगाल, कामरूप, सबको कुचल दिया। देवगिर से इन्हींने तो 27 मन जवाहिरात लूटा था! कितनी कुलीन जातियों को पदाक्रान्त नहीं किया। एक ही सिंह था, राणा संग्रामसिंह अब वह भी नहीं रहा। पता नहीं भगवान की शायद यही मर्ज़ी है। सोमनाथ का विध्वंस होने पर भीमदेव ने उसे फिर बनवाया था, परन्तु वह फिर तोड़ दिया गया। इस पुनीत वसुधा के देव-मन्दिर यों ही नष्ट हो रहे हैं! और फिर मुसीबत तो दूसरी है।"

मंगल ने कहा : क्या गुरुदेव?

"म्लेच्छ क्या हैं मंगल!" नरहरि ने कहा, 'शूद्रों ने सिर उठाया है। वे लोग वर्णाश्रम नहीं मानते। राजा विधर्मी है, सब कुछ रसातल को चला जा रहा है। समझते हो न?"

"क्यों नहीं, क्यों नहीं,' एक और वृद्ध पुजारी ने कहा—"लोगों में श्रद्धा ही नहीं रही। हम क्या करें?"

"संस्कृत वे जानते नहीं, उधर जोगियों ने और इन पाखंडी पंथवादियों ने तो निगमागम की प्रामाणिकता को ही चुनौती दे दी है?" मंगल ने हाँ में हाँ मिलाई।

नरहरि ने कहा : यही तो अधोपतन का कारण है।

"तो गुरुदेव!" तुलसीदास पूछ बैठा—"उन्हें भाषा में क्यों नहीं समझा देते सब। वे सब मान जाएँगे।"

मंगल ने कहा : यही तो अधोपतन का कारण हैं

"तो गुरुदेव!" तुलसीदास पूछ बैठा—"उन्हें भाषा में क्यों नहीं समझा देते सब। वे सब मान जाएँगे।"

मंगल ने कहा : "वह कैसे हो सकता है रे। देवभाषा का खज़ाना केवल ब्राह्मणों की सम्पत्ति है।"

नरहरि ने तुलसीदास को घूरकर देखा और जैसे वे कुछ सोच में पड़ गए।

यह बालक अचानक ही क्या कह गया था।

बात तो ठीक थी।

जनता तो ठीक से अपने धर्म को जानती ही न थी! धर्मशास्त्र बनते थे, उनकी टीकाएँ बनती थीं, टीकाओं की व्याख्याएँ लिखी जाती थीं, व्याख्याओं पर कारिकाएँ लिखी जाती थीं, किन्तु वह तो सब ब्राह्मणों में संस्कृत के माध्यम से होता था! जनता को यह निर्गुणिए, नीची जातियों के पाखंडी बहका लेते थे।

नरहरि सोचने लगे।

न जाननेवाली पूजा में इतनी श्रद्धा है तो उसे बता देने पर वह कितनी अधिक श्रद्धालु नहीं हो जाएगी!

परन्तु तुलसीदास नहीं जानता था। वह तो कहकर ही भूल गया था। नरहरि ने कहा : बेटा तुलसी!

"हाँ महाराज!"

'तुझे पढ़ना आता है?"

"नहीं महाराज।"

"लिखना भी नहीं आता होगा!!"

"नहीं।"

"अ आ इ ई पहचान लेता है?"

"नहीं।"

नरहरि को विषाद हुआ, बोले : 'देखते हो मंगल! ब्राह्मण के एकाधिकार को भी कलियुग छीन ले रहा है। तुलसीदास!!"

"गुरुदेव!"

"तुझे मैं पढ़ाऊँगा, तू पढ़ेगा?"

"मैं वही करूँगा गुरुदेव! जो आप कहेंगे।" तुलसीदास ने अबोध और निर्मल दृष्टि से देखते हुए कहा।

नरहरि प्रसन्न हो उठे।

कहा : मंगल प्रबन्ध करो।

"किसका महाराज?"

"हम शूकर क्षेत्र लौटेंगे।"

"क्यों स्वामीजी?"

"इस समय मन यही कह रहा है। भगवान की यही इच्छा है।"

"जो आज्ञा महाराज!"

"जी महाराज!"

"अवश्य गुरुदेव!"

नरहरि की वह कृपा देखकर कई लोग तुलसीदास से मन ही मन जल उठे, पर स्वामी नरहरि के आगे कौन बोलता है? प्रबन्ध हो गया। नरहरि ने पुकारा : तुलसीदास!

"मैं यह रहा गुरुदेव! तुलसीदास ने पहली आवाज़ से कहा : आपकी खड़ाऊँ के

पास तैयार खड़ा हूँ।

नरहरि ने प्रसन्न दृष्टि से देखा और आगे बढ़ आए। तुलसीदास उनके पीछे-पीछे चलने लगा।

बाहर रथ खड़ा था। नरहरि तुलसीदास को लेकर सवार हुए। रथ चल पड़ा।

''गुरुदेव।''

नारायण पुकार रहा था।

तुलसीदास नहीं जागे।

''गुरुदेव!!'' वह पुकार उठा।

''कौन?'' वे चौक उठे।

''मैं हूँ नारायण! आप सो रहे थे क्या?''

''नहीं बेटा, मैं तो लेटा था।''

''वैद्यजी की दवाई मलूक ने पीसकर तैयार कर दी है।''

''नहीं अब लगाने की ज़रूरत नहीं है।

''क्यों गुरुदेव!''

''कोई अमर होकर नहीं आता वत्स।''

''गुरुदेव!!'' नारायण ने रुंआसे कण्ठ से कहा।

''तू मोह में पड़ गया है नारायण! क्या तुलसीदास ही जिया करेगा? सौ वसन्त बीतकर पतझर बन गए। मृत्यु अन्त में आ रही है। मैं उसे आते हुए देख रहा हूँ। वह आ रही है। धीरे-धीरे पाँव रखती हुई बढ़ती चली आ रही है। नारायण! चारों ओर अन्धेरा-अन्धेरा-सा घिरा जाता है, परन्तु उस घोर कालिमा में मेरा धनुर्धारी खड़ा हुआ मुझे अभय देता है।''

नारायण को कुछ सूझा नहीं। उसने देखा मलूक भीतर आ गया था। उसने हाथ से इशारा किया जैसे कोई उम्मीद नहीं दिखाई देती और इसके लिए उसने अपने हाथ की उँगलियाँ खोलकर फैला दीं। हथेली आकाश की अर्धसीमा के नीचे धरती की भांति खुलकर फैल गई। मूलक ने देखा तो उदासी से सिर हिलाया। पास आकर स्वर उठाकर कहा : बाबा!!

वृद्ध तुलसीदास ने मुसकराकर आँखें दीं और बोल उठे : पागल! मैं क्या अब अचेत हूँ? जो तू चिल्लाता है?

मलूक लज्जित हो उठा।

वृद्ध तुलसीदास ने कहा : मूलक! तू तो बड़े सुरीले गले से गाता है। मलूक चुप रहा।

''गा मलूक।'' तुलसीदास ने फिर कहा।

मलूक बैठ गया।

और फिर उसने बिलावल की तान छेड़ी। उसकी कोमल स्वर लहरों को सुनकर तुलसीदास के होंठों पर मुसकराहट छा गई। वह बड़ी तृप्ति थी, ओ आज उस सौम्य और शान्त मुख पर स्थिर हो गई थी। नारायण द्वार के पास दीवार से सिर टिकाए-सा, और परिश्रांत-सा खड़ा रहा।

गीत गूँजने लगा—

कहाँ जाऊँ कासों कहौं?
को सुनै दीन की?
त्रिभुवन तुही गति
सब अंगहीन की।।
जग जगदीस घर
धरिन घनेरे हैं।
निराधार को अधार
गुनगन तेरे हैं।
गजराज काज खगराज
तजि धायो को?
मोसे दोस-कोस पोसे,
तोते माय जायो को?
मोसे कूट कायर कुपूत
कौड़ी आध के।
किये बहुमोल तै करैया
गीध स्राध के।
तुलसी की तेरे ही बनाए,
बलि बनेगी।
प्रभु की विलंब अब
दोष दुख जनैगी।।

आत्म-समर्पण का वह स्वर गूँजकर कोठे में स्थिर हो गया। अपनी सत्ता की अभिव्यक्ति आज अपना अहं तोड़कर तन्मय हो उठी थी। दैन अपने व्यक्तित्व के सीमित पाशों को खण्डित कर देना चाहता था।

"क्यों रुक गया मलूक?" वृद्ध ने पूछा।

"बाबा!" मूलक ने कहा : "गीत समाप्त हो गया।"

"गीत समाप्त हो गया पर विनय की याचना तो नहीं मिटी बेटा! भगवान की प्रार्थना का भी क्या अन्त है? जहाँ शब्द समाप्त हो जाते हैं, वहाँ भी उसकी याद समाप्त नहीं होती। अन्त के पास जाते-जाते तो सदैव ही सब माध्यम पूरे हो चुके हैं। वहाँ जहाँ पूर्ण

है, वहाँ किसी भी प्रकार के अपूर्ण की सत्ता कब तक उसकी महत्ता को सम्भाले रह सकती है। गीत भले ही चुक जाएँ, पर मन की वाणी को ही उस पर उंड़ेलता जा बेटा!"

मलूक और नारायण ने एक दूसरे की ओर देखा और उनकी आँखों में आदर-भावना चमक उठी।

महाकवि तुलसीदास अपने अन्तिम समय में जो कह रहे थे, वे उसे सुन-सुनकर एक ओर दुःखी और दूसरी ओर स्तब्ध हो उठते थे। इस समय व्यक्तित्व अपने समाज पक्ष को छोड़ना चाहता था। वहाँ आराधना एक नतशिर वंदना बन गई थी, जो अपने बाह्य आवरणों को काटकर फेंक देना चाहती थी।

वृद्ध तुलसीदास ने कहा : और गा मलूक। आज के बाद मैं इस देह में फिर कभी यह पवित्र राम का नाम नहीं सुन सकूँ। एक बार और गा मलूक। ऐसे गा कि तेरा स्वर ही मेरे रोम-रोम में प्रतिध्वनित आलोक बनकर समा जाए और राममहिमा की अनन्त करुणा मुझे अपने-आपमें आत्मसात् कर डाले, जब मेरे और मेरे आराध्य के बीच में कोई भी व्यवधान शेष नहीं रह जाए। ऐसे गा मलूक कि मेरी सत्ता तो मिट जाए परन्तु एक अरूप प्रार्थना-सी कल्प-कल्प तक गूँजा करे और उसमें से दीनदयालु कोदण्डपाणि सीतापति राम के चरणारविन्दों का ही गुणगान उदित होते हुए सूर्य के समान चमका करे।

मलूक उस आह्वान को सुनकर अपने-आपको जैसे भूल गया। उसे क्षणभर लगा कि वह महान की छाया में है, महान का वरद हस्त उस पर है, वह महान के महान गीत गाने को उकसाया गया है और स्वयं उसका जीवन लघु नहीं है। उसकी भी अपनी सार्थकता है। और वह सार्थकता राम के दरबार में उसे गुरुदेव की असीम कृपा से प्राप्त हो रही है। आत्म-अनुभूति की वह एक झलक उसे असीम शक्ति से भर उठी। उसने फिर तान छोड़ी—

वारक बिलोकि बलि
कीजै मोहि आपनो।
राम दसरथ के
तू उथपन-थापनो।।
साहिब सरन पाल
सबल न दूसरो।
तेरो नाम लेत ही
सुखेत होत ऊसरो।।
बचन करम तेरे
मेरे मन गड़े हैं
देखे सुने जात मैं
जहान जेते बड़े हैं।
कौने कियो समाधान

सनमान सीला को?
भृगुनाथ सो ऋषी
जितैया कौन लीला को?
मातु पितु बंध हित,
लोक बेदपाल को?
बोल को अचल,
नत करत निहाल को?
सँग्रही सनेहबस
अधम असाधु को?
गीध ससबरी को, कहो,
करि है सराध को?
निराधार को अधार
दीन को दयाल को?
मीत कपि केवट
रजनिचर भालु को?
रंक निरगुनी नीच
जितने निवाजे हैं,
महाराज सुजन,
समाज ते विराजे हैं।
साँची बिरुदावली
न बढ़ि कहि गई है,
सीलसिन्धु ढील
तुलसी की बार भई है।।

वृद्ध तुलसीदास के नेत्रों के आनन्द के अश्रु बह रहे थे। मलूक ने कहा : गुरुदेव!!

वह आर्त्त परन्तु गद्गद स्वर था।

''डर नहीं बैटा! भयभीत मत हो। देखता है। मैंने कुछ झूठ तो नहीं कहा? परन्तु देख! तुलसी की बार तो ढील हो ही गई है।''

ढील शब्द में कितना ममत्व था, जैसे समुद्र हिलोरें ले रहा हो। गर्जन नहीं, उसमें से प्रार्थना का समर्पण गूँजता है, पवनरूपी यातना उसकी उद्वेगभरी वासना की लहर-लहर को दृढ़ता की चट्टानों पर फेंक कर खंड-खंड करती है, फेन बनकर अहं का उन्माद बिखर जाता है और फिर समुद्र का-सा स्नेह आदर से हिल्लोहित होने लगता है।

नारायण ने कहा : मलूक! गुरुदेव को आराम करने दे।

मलूक उठ आया।

गुरुदेव ने फिर शान्ति से आँखें मूंद लीं।

फिर न जाने कहाँ से एक हल्का-सा उजाला हुआ। फिर उस उजाले में दो चरण दिखाई दिए। उन चरणों को देखकर तुलसीदास छोटा होने लगा। अब वह फिर आठ वर्ष का हो गया था। उसने सिर ऊपर उठाकर देखा। वह दृष्टि चरणों से ऊपर उठती हुई जाकर मुख पर टिक गई। अरे! यह तो गुरुदेव नरहरि का मुख था। शान्त दिव्य! उस पर कितना गौरव और आत्मविश्वास था!

बालक तुलसीदास ने उन चरणों पर सिर रखकर पूर्ण भक्ति से प्रणाम किया। आलोक की शरण में जैसे कीचड़ में उगने वाला पंकज शतदल कमल बनकर मुखरित हो जाता है, वैसे ही वह गुरु के चरणों में विकस उठा था। गुरु ने कहा था—शतायु भव! आयुष्मान् भव!

"वत्स!" गुरुदेव ने कहा था।

"हाँ गुरुदेव!"

"अच्छा है!"

"यही तेरी जन्मभूमि है।"

बालक नहीं बोला।

गुरुदेव ने कहा : यह पवित्र भूमि है वत्स! यह आर्य्यावर्त्त है। यहाँ पवित्र भागीरथी बहती है। यही पुण्यतोया धारा कलि में पतिततारिणी है। इसे कौन इस पृथ्वी पर लाया था, जानता है?

"नहीं गुरुदेव!"

"तो सुन!" गुरुदेव ने कहा।

बालक ध्यानमग्न सुनने लगा। वे कथा सुना गए। बालक अपने को भूल-सा गया था। गुरुदेव कह रहे थे : तब भगीरथ का रथ आगे-आगे चलने लगा, पीछे-पीछे सुरसरि आने लगी और फिर समुद्र में गिरने लगी। इसमें वेद के बाद अखण्ड महिमा है।

बालक ने कहा : गुरुदेव मैं वेद कब पढूंगा?

नरहरि प्रसन्न हो उठे। बोले : तू अवश्य पढ़ेगा। परन्तु वह काम सहज नहीं। बारह वर्ष में तू पढ़ सकेगा।

"मैं बीस बरस पढूँगा गुरुदेव! मैं सीख तो जाऊँगा न? वेद तो बहुत बड़े होंगे न? मैं छोटा हूँ। मुझमें इतनी अकल है?"

"सब है वत्स! श्रद्धा रख। शास्त्र पर सन्देह न कर। तू सब सीख जाएगा।"

"तूने सूत्र याद कर लिए?"

"हाँ गुरुदेव!"

"तो ठीक है। जब तू लघुकौमुदी समाप्त कर लेगा तुझे मैं आगे पढ़ाऊँगा। उत्तर देश में तो अब काशी के अतिरिक्त मुझे कहीं योग्य ब्राह्मण ही दिखाई नहीं देते। दक्षिण

में तो अभी बहुत धर्म है। वहाँ म्लेच्छों का ऐसा प्रभाव नहीं है। अब भी देव मन्दिरों में वहाँ वेद-निर्घोष होता है। और दिशाओं में ब्राह्मण का जय-जयकार होता है।''

बालक ने सुना तो कहा, ''गुरुदेव! वहीं क्यों नहीं चलते!''

''वहाँ नहीं वत्स! फिर यहाँ कौन रहेगा?''

बालक ने सिर हिलाया। कहा, ''एक बार देख आवें, फिर लौट आएँगे।''

''ऐसा भी होगा, पर अभी उसका समय आने दे। तू जाकर पाठ याद कर।''

रात का समय था।

''तुलसीदास!'' गुरुदेव ने बुलाया।

''हाँ गुरुदेव, आज्ञा!''

''बेटा, यह आले में अरण्य का तेल है, एक चमचा पी ले।''

''अच्छा नहीं लगता मुझे।'' बालक ने कहा।

''नहीं बेटा! दिन-भर पढ़ता है तू। उससे खुश्की बढ़ जाती है न? तेल पीने से बुद्धि कुशाग्र होती रहेगी क्योंकि खुश्की नहीं रहेगी।''

बालक ने पी लिया, मुँह बनाया। गुरुदेव ने हँसकर उसके सिर पर हाथ फेरा और कहा : बेटा! तू पढ़ता है न? ब्राह्मण का काम पढ़ना-पढ़ाना, अध्ययन-अध्यापन ही है। वही धर्म है। धर्म के लिए कष्ट भी उठाना पड़ता है और यह कष्ट वास्तव में सुख है। उसका निबाहना कष्टकर लगता इसलिए है कि कष्ट न होते हुए भी पाप और अधर्म की झूठी झिलमिल में वह डूब जाता है।''

''कलि भी तो है गुरुदेव!'' बालक ने सोचकर कहा—''इसमें पाप ही तो बढ़ता है। गुरुदेव! पहले ब्राह्मणों का बड़ा सम्मान था?''

गुरुदेव ने लम्बी सांस ली। उस दीर्घ निश्वास में बड़ा दुःख था। वृद्ध नरहरि के मुख पर अस्तंगमित महिमा अपने अन्तिम विसर्जन वाले रूप को ही प्रतिभासित कर सकी।

उन्होंने कहा : जानता है बेटा! यह देश कौन-सा है? मनु ने क्या कहा है?

''नहीं गुरुदेव!''

''यहीं आदि सभ्यता का केन्द्र था। यहीं से संसार में आलोक फैला था। यहीं से निकलकर मेधावियों ने दिशान्तों तक सत्य का शब्द प्रतिध्वनित किया था। बर्बरों, म्लेच्छों को हमारे ही पूर्वजों ने मनुष्य बनाया था। लेकिन आज?''

गुरुदेव का स्वर काँप गया।

''आज क्या गुरुदेव?'' तुलसीदास ने पूछा। उसके मुख पर असीम जिज्ञासा थी।

''अज!'' नरहरि ने गम्भीर स्वर से कहा : ''वह सब गौरव खंड-खंड हो गया।''

''क्यों?''

''क्योंकि ब्राह्मण ने अपने को गिरा लिया!''

"कैसे गुरुदेव?"

"वह लोलुप हो गया, उसने अपना चारित्र्य खो दिया। और इसीलिए उसका अधःपतन हो गया। शताब्दियों से जो शासन देता रहा था वह पेट के लिए अपना धर्म बेचने लगा। सर्वनाश हो गया।"

"तो गुरुदेव!" बालक तुलसी ने कहा—"क्या इससे छुटकारा नहीं होगा? इसका अन्त कब होगा?"

"जब ब्राह्मण फिर से अपने गौरव को पहचानेगा, जब फिर वह अभयंकर निनाद करके मृत्यु को ललकारने लगेगा। पुत्र! ब्रह्मा के मुख से उसने जन्म लिया है। ब्राह्मण जलती हुई अग्नि के समान है जो भी उसमें हाथ देगा उसे भस्म होना ही पड़ेगा। म्लेच्छों ने सारे जम्बूद्वीप को अपवित्र कर दिया। उसके शासन में अन्याय और अत्याचार हो रहा है। दरिद्र पीसे जा रहे हैं। लोगों पर कर बढ़ रहे हैं। जोगी और निर्गुणिये जाति-व्यवस्था के विरुद्ध उठ रहे हैं। दक्षिण में लिंगायत वेद का विरोध कर रहे हैं। जानता है यह सब क्यों हो रहा हैं? क्योंकि देश पर अनाचार का शासन है। हिन्दू राजा अपने प्राचीन गौरव को भूलकर कुत्तों की तरह विदेशी के सामने जीभ लटकाए बैठे हैं और पराए हाथों में पड़कर यह बाज अपने ही देश की प्रजा रूपी चिड़ियों का शिकार कर रहे हैं। वे अपने स्वार्थों में पड़कर देश का गौरव भूल गए हैं। वर्णाश्रम टूट रहा है। ब्राह्मण का प्राचीन गौरव इस पृथ्वी के चप्पे-चप्पे में फैला हुआ। जब वे संस्कृत का उच्चारण करते हैं तब शत्रु हिल उठते हैं।

"गुरुदेव!" बालक ने कहा, "तो फिर वे समझते क्यों नहीं? वे वेद क्यों नहीं पढ़ते?"

"वेद का अधिकार सबको नहीं होता पुत्र!"

"तो?"

"केवल ब्राह्मण और क्षत्रिय ही पढ़ सकते हैं।"

"और वैश्य?"

"वे नहीं।"

"शूद्र?"

"शूद्र का काम सेवा करना है।"

"फिर कैसे होगा गुरुदेव! ब्राह्मण लालची हैं, क्षत्रिय कायर हैं, वैश्य और शूद्रों को अधिकार नहीं, फिर कैसे रक्षा होगी? क्या कोई ऐसी तरकीब नहीं कि धर्म भी बचा रहे और प्रजा भी सब सुन-समझ सके। गुरुदेव आप ऐसा क्यों नहीं करते?"

नरहरि अचकचा गए। बालक क्या कह रहा था! उन्हें गर्व हुआ लगा कि वे किसी असाधारण प्रतिभा को ढूँढ़ लाए थे। आठ वर्ष का बालक क्या कह उठा था! उसने कितनी बड़ी गुत्थी को कितने बाल-सुलभ और सहज ढंग से सुलझा दिया था। क्या वह जानता था कि वह क्या कहे दे रहा था? नरहरि सोच नहीं पाए।

बालक ने डरते-डरते कहा : गुरुदेव

"क्या है तुलसी!"

"मैंने अपराध किया है?" उसने शंकित स्वर से पूछा।

"नहीं बालक! अपराध तूने नहीं किया, तू तो मेरे मन को शक्ति दे रहा है। तू मुझे सहारा दे रहा है। बेटा...बेटा..."

गुरुदेव गद्गद हो गए। उन्होंने तुलसीदास को स्नेह से वक्ष से लगा लिया और उसका माथा सूंघ लिया।

तुलसी उस स्नेह से विह्वल हो गया। बालक का मन तृप्त हो गया। समस्त अभाव जैसे अब सदैव के लिए दूर हो गए।

बालक तुलसीदास एकान्त में खड़ा सोच रहा था। गुरु ने राम की कथा सुनाई थी। जितना ही वह सोचता उतना ही उसका मन पराजित होने लगता। उस पराजय में कितना सुख मिल रहा था!

क्या सचमुच दुनिया में ऐसे आदमी थे। बड़े भाई तो स्वयं भगवान थे। उन्होंने ही तो रावण को मारा था। रावण कितना अत्याचारी था। उसने देवताओं को भी गुलाम बना लिया था। उसके इशारे से हवा भी चलती थी? वह माता सीता को पकड़कर ले गया था धोखे से? गुरुदेव को यह बात सुनाते समय कितना क्रोध आ गया था!

फिर बालक की कल्पना बढ़ने लगी।

माता कौशल्या रोई होंगी। और सुमित्रा माता कितनी अच्छी थीं कि उन्होंने लक्ष्मणजी को संग भेज दिया। दोनों भाई माता जानकी के साथ वन-वन भटकने लगे। कैसे चले होंगे वे उन काँटो पर!

गुरुदेव तो सुनाते समय रोने लगे थे!

सारी अयोध्या रोने लगी थी! केवल से मिलते समय[1] राम ने उसे हृदय से लगा लिया था। वह भी दुखी हो गया था। फिर सुमंत्र मन्त्री लौट आया। पिता तो राम-राम कहकर स्वर्ग चले गए।

उधर वन में कितनी भयानकता थी!!

गुरुदेव कितने आवेश में आ गए थे जब उन्होंने बताया था, दण्डकारण्य में खरदूषण और पापी राक्षसों ने ऋषियों को मार-मारकर उनकी हड्डियाँ जमा कर ली थीं। कितने अत्याचारी थे वे लोग! धर्म से रहनेवाले भोले-भाले ऋषियों को मारते थे। उनके यज्ञकुण्ड में खून लाकर डालते थे। क्या करते बिचारे।

राम आए। ऋषियों ने शिकायत की; उन्हें ले जाकर ऋषियों की हड्डियाँ दिखाई

---

1. इस अध्याय की रामकथा में तुलसी से पूर्व चली आती वाल्मीकि की रामायण को पृष्ठभूमि के रूप में उपस्थित किया गया है। नरहरि के मुख से कहलाने से उसमें भक्ति का पुट भी है जो अध्यात्म रामायण से लिया गया है।

गईं। बस फिर क्या था। राम को क्रोध आया।

कैसा था वह क्रोध!!

गुरुदेव कहते थे कि उनकी भौंहें तन गईं। वे बड़े बलवान, बड़े दृढ़ पुरुष थे। आजानुबाहु थे। संसार का सारा सौन्दर्य उनके स्वरूप में था। उनका सिर उठ गया। उन्होंने प्रतिज्ञा की कि वे राक्षसों का सर्वनाश करेंगे।

बालक सिहर उठा।

फिर चित्र खड़े होने लगे।

सूपनखा ने लक्ष्मण के समक्ष विवाह-प्रस्ताव रखा। लक्ष्मण के द्वारा प्रस्ताव ठुकरा दिए जाने पर वह क्रुद्ध हो लक्ष्मण पर टूट पड़ी। लक्ष्मण ने उसके नाक-कान काट लिए। वह रोती हुई खरदूषण के पास गई। उन्होंने राम पर हमला किया। राम ने अकेले ही सबको मार गिराया।

तुलसीदास प्रसन्न हो उठा।

अच्छा फिर बड़ा मज़ा हुआ। नाक-कान कटाकर सूपनखा गई अपने भाई रावण के पास। उसके थे दस सिर, बीस हाथ, बड़ा अहंकारी था।

उसके तो सिर पर मौत खेल रही थी। सो कपट रूप धारण करके झट मारीच को सुवर्ण मृग बनाया और माता जानकी को हर ले चला।

पर उधर जटायु झपटा।

वाह! आकाश में उसका रावण से घोर युद्ध हुआ। पर जटायु विचारा वृद्ध था। घायल हो गया। गिर गया! रावण सीता को ले ही गया। तुलसी को याद आया। उसने पूछा था : गुरुदेव! फिर?

''फिर? वहीं से तो कथा का उदात्त रूप है वत्स!''

''कैसे गुरुदेव?''

''वहीं से भू-भार उतरना प्रारम्भ हुआ।''

''मैं समझा नहीं।''

''पुत्र! पृथ्वी पर उस समय रावण ने बड़ा अनाचार फैला रखा था।''

''ओह कोई धर्म न मानता होगा।''

''रावण अपने को देवताओं का स्वामी समझता था। जानता है? परन्तु वह बड़ा विद्वान था। शैव था वह!''

''कौन नहीं होता गुरुदेव! म्लेच्छ क्या बुद्धिमान नहीं है?''

''साधु वत्स! साधु! गुरुदेव प्रसन्न दिखाई दिए थे।

फिर वे कहने लगे थे।

''बाली बड़ा मदांध था। राम ने उसे मारा।''

''क्यों?''

''सुग्रीव बाली का भाई था न!''

"हाँ।"

"सुग्रीव ने हनुमान के कहने से राम को सहायता देने का वचन दिया।"

"कैसी सहायता?"

"माता जानकी को ढूँढ़ने की।"

"वे तो भगवान थे गुरुदेव! वे क्या नहीं जानते थे?"

"पुत्र तू सन्देह करता है?"

"नहीं करूँगा गुरुदेव!"

"साधु! परन्तु शंका का समाधान होना चाहिए। सुन। वे थे तो भगवान पर नर रूप में धरती पर आए थे न! इसी से उन्होंने ऐसा रूप धारण किया जैसे सब मानव होते हैं।"

"गुरुदेव! भगवान कितने अच्छे थे!"

"पूछता क्या है तुलसी! राम-सा कोई न हुआ, न होगा।"

"और भी हुए थे गुरुदेव?"

"भगवान के 24 अवतार हैं पुत्र! 23 आ चुके हैं।"

"24वां अवतार कब होगा?"

"जब कलियुग की अति हो जाएगी।"

फिर गुरुदेव ने कल्कि अवतार की कथा सुनाई। तुलसी अवाक् सुनता रहा।

"यह सच है गुरुदेव?"

"मूर्ख! तू बोलना नहीं सीखता।"

"क्षमा प्रभु! क्षमा! पर कल्कि का अवतार शीघ्र होना चाहिए प्रभु!"

गुरुदेव ने अविश्वास से देखा था। क्यों? पर उनके नेत्रों में एक सन्तोष भी था। वह कैसी उलझन थी!

तुलसी सोचता रहा, पर उसने उस उलझन का अन्त नहीं पाया। मन और भी भारी हो गया। उसको किसी अज्ञात उलझन ने पकड़ लिया था। वह सोचता रहा, सोचता रहा। और फिर वह एकबारगी हठात् ही सिहर उठा।

वह तो रामकथा के बारे में सोच रहा था न?

फिर यह सब क्या हुआ?

हाँ, तो गुरुदेव ने कहा था—

"राम ने वचन दिया कि वे सुग्रीव को राजसिंहासन पर बिठा देंगे।"

"फिर?"

"उन्होंने बाली को मार डाला!"

"पर गुरुदेव! बाली ने राम का क्या बिगाड़ा था?"

"वह बड़ा अहंकारी था न? भगवान का काम ही नीचों को मारना है।"

तुलसी ने सिर हिलाया था।

फिर कथा चलने लगी।

वह कैसे मज़े की बात थी, जब बन्दरों ने पुल बनाया था समुद्र पर। एक पत्थर लेकर चलता था, दूसरा पेड़ उखाड़ लाता था। नल-नील पुल बना रहे थे।

और तुलसी की कल्पना सजग हो गई।

समुद्र बड़ा विशाल होता है। कितना बड़ा होता है। गंगा से बड़ा। गंगा से बहुत बड़ा। बहुत बड़ा। दस गुना बड़ा, नहीं सौ गुना बड़ा। उसमें बड़े-बड़े मगर रहते हैं। पानी उछलता रहता है, नीला, काला। लहरें उठती हैं, पीपल से भी ऊँची-ऊँची लहरें! उफ! उसपर पुल बांधा था!!

तुलसी श्रद्धावनत हो गया।

और फिर कुछ याद नहीं आया। युद्ध-बुद्ध तो यों ही निकल गए। केवल अग्नि-प्रवेश करती सीता की याद आई।

लंका की भस्म में से उठता धुआँ तुलसी को चारों ओर छाया हुआ लगा।

सोचते-सोचते तुलसी सो गया।

वह स्वप्न देखने लगा।

एक व्यक्ति खड़ा।

तुलसी से पूछा : तुम कौन हो?

उत्तर मिला : मैं हनुमान हूँ।

"अच्छा, तुम हनुमान हो?"

"क्यों?"

"मैं तो तुम्हें प्रणाम करता हूँ।"

"चिरंजीव रहो।"

"तुम भी तो चिरंजीव हो!"

"मैं पहले ऐसा न था।"

"फिर कैसे हो गए?"

"मुझे राम-कृपा ने ऐसा बना दिया।"

"क्यों न हो, वे तो भगवान ही जो ठहरे!"

"तुम जानते हो?"

"क्यों? ब्राह्मण का बेटा इतना भी नहीं जानेगा!"

"अच्छा तुम ब्राह्मण हो! तब तो मैं तुम्हें प्रणाम करूँगा।"

"अरे नहीं, नहीं, तुम तो देवता हो!!"

"ब्राह्मण पृथ्वी के देवता होते हैं न?"

"नहीं, नहीं..."

वह चिल्लाया, पर आवाज़ गले में घुट गई।

"तुलसी! बेटा तुलसी!" गुरुदेव ने हिलाकर जगा दिया।

“कौन? गुरुदेव?” तुलसी उठ बैठा।
“हाँ बेटा! क्या हुआ? क्यों चिल्लाता था?”
“गुरुदेव!” वह उनसे चिपट गया।
“क्या हुआ बेटा?”
“गुरुदेव! मैंने, मैंने...”
“घबरा नहीं बेटा! धीरज धर!”
“गुरुदेव मैंने सपने में हनुमानजी को देखा था।”
गुरुदेव के नेत्रों में करुणा छलक आई। प्रसन्नता भी थी।
“आप नहीं मानते?” तुलसी ने पूछा था।
“क्यों नहीं मानूँगा?” उन्होंने कहा—“अवश्य देखा होगा वत्स! अवश्य देखा होगा। भगवान तो भक्तों पर दया करते हैं।”
“पर भगवान तो नहीं दिखे प्रभु!!”
“वे राजा हैं, क्या तू उनके दरबार तक सहज पहुँच सकता है? देवताओं का देवता इन्द्र भी वहाँ कठिनाई से ही पहुँच पाता है।”
“बहुत बड़े राजा हैं वे गुरुदेव?”
“बहुत बड़े हैं। उनसे बड़ा तो कोई है ही नहीं तुलसी!”
“लोग कहते हैं, शिवजी बड़े हैं।”
“वे दोनों ही भगवान हैं बेटा! शिव और राम एक ही हैं। वे तपस्वी के रूप में शिव हैं और लोकोद्धारक जगत् के नायक के रूप में राम हैं। राम सबसे बड़े हैं।”
“गुरुदेव! क्या मैं राम तक कभी नहीं पहुँचूँगा?”
“ज़रूर पहुँचेगा।”
“कैसे बाबा?”
“भक्ति से।”
“भक्ति क्या बाबा?”
“तू जानता है, तू उनका कौन है?”
“जब वे इतने बड़े महाराज हैं तो मैं क्या होऊँगा गुरुदेव! मैं तो उनके नौकर का नौकर भी नहीं हूँ।”
गुरुदेव प्रसन्न हो उठे। कहा : “बेटा! वे ही उद्धारक हैं, वे ही ब्रह्म हैं।”
“ब्रह्म क्या बाबा?”
“ब्रहा ही परमात्मा है।”
“परमात्मा! राम ही तो हैं न?”
“हाँ, वही हैं।”
“मैं उनका भक्त बनूँगा गुरुदेव!”
नरहरि उद्विग्न-से उठ खड़े हुए और मन को शान्त करने के लिए कुछ मन्त्र-पाठ

करने लगे। वह उस समय अत्यन्त तन्मय थे।

तुलसी फिर सो गया।

भोर हो गई थी। तुलसी जगा। उसने पड़े-पड़े देखा, गुरुदेव पूजा कर रहे थे। उनके कण्ठ से सस्वर श्लोक निकल रहे थे, वे ही जो तुलसी को उन्होंने रटा दिए थे। तुलसी को वे बड़े अच्छे लगते थे। वह ध्यान से सुनने लगा था–

भजेऽहं सदा राममिन्दीवराभं
भवारण्यदावानलाभाभिधानम्
भवानीं हृदा भावितानन्दरूपम्
भवाभावहेतुं भवादिप्रपन्नम्।
सुरानीकदुःखौघनाशैकहेतुं
नराकारदेहं निराकारमीड्यम्
परेशं परानन्दरूपं वरेण्यं
हरिं राममीशं भजे भारनाशम्।
प्रपन्नाखिलानन्ददोहं प्रपन्नं
प्रपन्नार्तिनिःशेषनाशाभिधानम्
तपोयोगयोगीशभावाभिभाव्यम्
कपीशादिमित्रं भजे राममित्रम्।।

तुलसी सुनता रहा। ध्यानस्थ-सा। अभी वह उसका अर्थ ठीक से समझता नहीं था, किन्तु फिर भी सुनने को बहुत अच्छा लगता था। क्या वह भी कभी ऐसे ही गा सकेगा? क्या वह भी कभी ऐसे ही श्लोक बना सकेगा? वह सोचने लगा।

गुरु ने अन्तिम श्लोक गाया–

लसच्चन्द्रकोटिप्रकाशादिपीठे
तमासीनमंके समाधाय सतीम्।
स्फुरद्हेमवर्णां तडित्पुञ्जभासां
भजे रामचन्द्रनिवृत्तार्त्तितन्द्रम्।

नरहरि ने भगवान को दण्डवत की। तुलसीदास उठकर बैठ गया। उसने देखा। गुरुदेव कुछ प्रार्थना कर रहे थे। उसने ध्यान से सुना। शब्द गूँजे : प्रभु! इस कलि का नाश करो। वेदोद्धार करो। फिर अवतार लो प्रभु! प्रजा वर्णाश्रम छोड़कर व्याकुल हो रही है। इसे म्लेच्छों से बचाओ।

असह्य वेदना से जैसे वे उत्तप्त हो गए थे। वे उठे।

तुलसी ने उठकर इनके पाँवों पर सिर रखकर कहा : गुरुदेव! गुरुदेव!!

"क्या है वत्स?" वे चौंक उठे।

"मुझे आज्ञा दीजिए गुरुदेव! मैं कलि से लडूँगा गुरुदेव!!"

"तुलसीदास!" गुरुदेव ने काँपते कण्ठ से कहा और आकाश की ओर देखकर वे जैसे किसी शून्य से बातें करने लगे—"यह तेरी ही इच्छा है लीलाधर? मुझसे जो किसी ने नहीं कहा, वह यह बालक कह रहा है? क्या यही सत्य है अन्तर्यामी?"

फिर हठात् वे मुड़े। कहा : तुलसीदास!

उनका स्वर दृढ़ था, उन्नत था।

"गुरुदेव!!' तुलसी ने पूछा।

"उठ वत्स! चल!"

"कहाँ गुरुदेव?"

"काशी।"

तुलसी देखने लगा जैसे क्यों?

"वहाँ आचार्य्य शेष सनातन हैं। प्रकाण्ड पण्डित हैं वे। उनका तुझे शिष्य बनवाऊँगा। वे तुझे देवभाषा पढ़ाएँगे और फिर तू वेद-वेदांत में पारंगत होगा। पुत्र, चल उठ!"

"चलो," तुलसी ने कहा और आनन्द से दो पग़ आगे बढ़ आया।

फिर एक लम्बी यात्रा प्रारम्भ हुई। पथ के कष्ट अनेक थे। पर वे सब याद नहीं रहे। शेष सनातन के मुख पर असीम पाण्डित्य झलकता था। गुरुदेव नरहरि आश्वासन और आशीर्वाद देकर चले गए। तुलसीदास रोया था, ऐसे लगा था जैसे वह उस दारुण वेदना को सह नहीं सकेगा। परन्तु अष्टाध्यायी खुली, फिर काव्य खुले, नाटक खुले, चंपू, पढ़े, फिर वेदों और उपनिषदों का गम्भीर अध्ययन हुआ, यहाँ तक कि जो कुछ आचार्य के पास था, वह सब तुलसी ने पा लिया।

जिस दिन गुरु ने कहा : "वत्स! तू पूर्ण पण्डित हुआ।" तुलसी ने शेष सनातन के चरणों पर सिर रखकर प्रणाम किया।

"गुरुदेव!" उसने गम्भीर स्वर में कहा : "आपने इस पशु को मनुष्य बना दिया है। गुरुदेव अपने विनीत शिष्य से गुरु-दक्षिणा माँगिए।"

शेष सनातन अपनी वृद्ध आँखों से देखते हुए कुछ मुसकराए। कहा : वत्स!

"गुरुदेव!!"

तू गुरु दक्षिणा देना चाहता है तो वचन दे।"

"आज्ञ गुरुदेव!"

"जो शिक्षा मैंने दी है उससे ब्राह्मण की मार्यादा बढ़ाएगा। धन के लिए लोलुप नहीं होगा।"

"वचन देता हूँ। और कहें?"

"और एक ही बात है वत्स! तू भगवान रामचन्द्र में सदैव अटूट भक्ति और श्रद्धा

रखेगा?''

''गुरुदेव! यह आपकी बात नहीं है। यह तो मेरी बात है। सोते-सोते जागते इतने वर्षों तक जिन दोनों भाइयों ने मेरी रक्षा की है, वे तो मेरे भगवान हैं। बारह वर्ष बीत गए हैं! जब मैं आया था तब आठ वर्ष का था। आज मैं बीस का हूँ। आपने मुझे कभी व्याकुल नहीं होने दिया। अपनी आज्ञा कहें गुरुदेव!''

''तो जा वत्स!'' गुरुदेव ने कहा—''गृहस्थाश्रम में प्रवेश कर!''

''गुरुदेव!!'' तुलसी ने आहत स्वर से कहा।

''क्यों?'' वे सांत्वना देते बोले उठे।

''फिर राम की सेवा कैसे होगी?''

''राम ने लोक का उद्धार गृहस्थ बनकर ही किया था!!''

तुलसी निरुत्तर हो गया।

गुरु ने फिर कहा : ''याद है न?''

''क्या गुरुदेव?''

''मृत्यु के बाद से तेरे पिता का एक ही श्राद्ध हुआ जो उनके सम्बन्धियों ने किया था। तेरी माता को भी कोई पानी देने वाला नहीं। तू जा और आज ही गंगा में खड़े होकर श्राद्ध कर।''

तुलसी सिहर उठा। कहा : करूँगा देव!

''फिर क्या करेगा?''

''घर लौट जाऊँगा?''

''शूकरक्षेत्र?''

''नहीं गुरुदेव! राजापुर।''

''वहाँ तेरा कौन है?''

''कोई नहीं। वहीं मुझे गुरु मिले थे। वहीं जाकर पहले उस मन्दिर में भगवान के दर्शन करूँगा जहाँ गुरु ने मुझे उठाया था। और गुरु का महान कार्य वहीं से प्रारम्भ भी करूँगा।''

''कल्याण हो वत्स!''

तुलसी ने फिर वन्दना की।

''सुन!'' उन्होंने कहा—'वर्णाश्रम का पालन करना ही धर्म है वत्स! यह जो पंथ हैं सब अनाचार फैलाते हैं। तू प्रतिभावान है, भविष्य तेरे सामने पड़ा है। तू तो मुझे लगता है काव्य रचता है?''

''कहाँ गुरुदेव! मुझमें इतनी योग्यता कहाँ।'' तुलसीदास ने झिझककर कुछ संकोच से कहा।

''पागल! सोलह बरस के बाद तो पुत्र भी मित्र के समान हो जाता है। फिर तू तो अब काशी के विद्वानों से स्वीकृत विद्वान है। संकोच कैसा। मुझे सुना। बैठ जा।''

तुलसी बैठ गया।

"सुना वत्स!" गुरु ने आग्रह किया।

तुलसी ने सुनाया :

राम बाम दिसि जानकी
लखन दाहिनी ओर।
ध्यान सकल कल्यान मय
सुरतरु तुलसी तोर।
सीता लषनु समेत प्रभु,
सोहत तुलसीदास।
हरषत सुर बरषत सुमन
सगुन सुमंगल बास।

"साधु! साधु!!" आचार्य्य शेष सनातन ने कहा—"भाषा में कहा है? ब्राह्मण होकर देव-वाणी में भी कह!"

"गुरुदेव!" तुलसी ने कहा : "संस्कृत प्रजा समझती नहीं।"

"उससे क्या हुआ?"

"देव वे आनन्द नहीं पाते।"

"सो तो है।"

"मैंने स्तुति संस्कृत में लिखी है।"

"उसे सुना। उसे सुना।"

तुलसी ने सुनाया :

नमामि भक्तवत्सलं, कृपालुशीलकोमलं
भजामि ते पदाम्बुजं अकामिनां स्वधामदम्।
निकामश्यामसुन्दरं भवाम्बुनाथमन्दरं।
प्रफुल्ल मञ्जलोचनं मदादिदोषमोचनम्।

शेष सनातन झूमने लगे। तुलसी ने फिर गाया :

प्रलम्बबाहुविक्रमं प्रभोऽप्रमेयवैभवं
निषगंचापसायकं धरं त्रिलोकनायकम्।
दिनेशवंशमण्डनं महेशचापखण्डनं
मुनीन्द्रसन्तरञ्जनं सुरारिवृन्दभञ्जनम्।

शेष सनातन ने प्रसन्न होकर आशीष दी। परन्तु तुलसीदास के मन में सन्देह था। यह श्लोक केवल पंडितजन ही समझ सकते थे। प्रजा कैसे समझ सकेगी, यह उसके सामने एक प्रश्न आ खड़ा होता था। परन्तु आचार्य्य उतने में ही विभोर हो गए थे। तुलसी को चुप देखकर बोले : हूँ। और?

तुलसी आगे सुनाने लगा।

शेष सनातन ने कहा : अहा! कैसी मधुर भाषा है?

तुलसी ने कहा : देवभाषा यही है गुरुदेव! आपने ही सिखाया है, परन्तु प्रजा अन्धकार में डूब रही है। इसका कैसे उद्धार होगा?

'वत्स! वे स्वयं करेंगे। वे भगवान हैं। यह धर्म उन्हीं का है। यह भूमि भी उन्हीं की है। वही सब कुछ करते हैं। अपने अन्दर अहं मत रख। हम तुम तो निमित्त।''

तुलसी इस बात पर श्रद्धा से नमित हो गया था।

वृद्ध तुलसीदास ने आँखें खोलकर पुकारा : मलूक!

''गुरुदेव!'' वह भीतर आया। ''आज्ञा?''

''प्यास लगी है।''

वह गंगाजल लाया। वृद्ध कवि ने उठकर पिया और फिर लेट गए।

''अब कैसी तबीयत है?''

''अब तो बिलकुल ठीक हो जाएगी।''

वह समझ गया। चुप हो रहा।

''नारायण कहाँ है!''

''गुरुदेव! वे बाहर है।''

''क्या कर रहा है वहाँ?''

''बहुत-से लोग आ रहे हैं। उन्हें आपका हाल बताने को वह बाहर ही बैठ गया है।''

''अरे तुमने कुछ खाया या नहीं?''

''खा लेंगे गुरुदेव!'' उसने टाला।

''कब खा लेगा!' वृद्ध ने कहा—''मैं बूढ़ा हूँ। क्या मेरे लिए भी किसी का दुःख करना अच्छा लगता है? जा बेटा तुझे सौगंध है, तू जाकर खा आ। उस पागल को भी ले जा।''

वृद्ध का स्वर गद्‌गद हो गया। उन्होंने कहा : गरीबनिवाज! तुम सचमुच बड़े करुण और मायावी हो। चलती बेला में यह स्नेह के बन्धन क्यों बांध रहे हो? यह तो बालक हैं। इन्हें इतना दुःख क्यों दे रहे हो?

''बाबा! बाबा!'' मलूक ने भर्राए स्वर से कहा—''मैं खा लूँगा। रोओ नहीं बाबा!''

''बेटा! मैं रोता नहीं। मैं तो इस प्रेम से हार जाता हूँ, यह कितना सुन्दर लगता है। मलूक!''

''गुरुदेव?'' जैसे वह फिर संभल गया था।

''यह संसार विचित्र है।''

वह चुप रहा।

"इसमें बड़ी माया है। है न?"

"हाँ गुरुदेव!"

"और वह बाँधती है तो मन को ऐसा कर देती है कि वह उससे सहज ही छूट नहीं पाता। बड़ी तृष्णा है यह। इसका कोई अन्त नहीं दिखाई देता। जिस पर राम की कृपा होती है वही इससे बच सकता है। जानता है वेद, पुराण, और शास्त्रों में जो धर्म है वह अकेला काफी नहीं है। वह तो समाज और संसार में धर्म स्थापना के लिए आवश्यक है। वह तो वाह्य पक्ष है। परन्तु व्यक्ति पक्ष में तो भगवान की कृपा ही सब कुछ है। बेटा! ब्राह्मण होना पूर्व जन्म का पुण्यफल है, और यज्ञ, दान, तप भी धर्म है। अपने-अपने वर्ण के अनुसार काम करना ही वेद का बताया मार्ग है। परन्तु व्यक्ति के लिए राम नाम ही सर्वश्रेष्ठ है। भगवान मनुष्य मात्र के लिए हैं। वे सब पर दया करते हैं। इसका अर्थ यह नहीं की भगवान के सामने सब समान हैं, तो धर्म भी समान है। मर्यादा ही से संसार नियमित रूप से चलता है। मर्यादा के लिए ही नारायण ने राम-रूप धारण किया था। अपने-अपने वर्ण में रहकर भी भगवान की अटूट श्रद्धा और भक्ति से व्यक्ति का जन्म सुधर जाता है। वह तो नीचों का भी उद्धार करता है मलूक!"

मलूक ने देखा। वृद्ध कवि के नेत्रों में उस समय भी एक स्वप्न-सा था जैसे वह बहुत सुदूर की बात सोच रहे थे। वे कह उठे—भगवान! कब आएगा वह दिन? मलूक!

"गुरुदेव!"

"बैठ जा वत्स! बैठ जा!"

वह बैठ गया।

'बेटा!"

"गुरुदेव!"

"गा तो। मेरी विनय के पद तो मुझे सुना। मैं बार-बार राम का ही नाम सुनना चाहता हूँ।"

मलूक ने नयन पोंछ लिए और गाया—

जैसो हौं तैसो हौं राम!
रावरो जन जनि परिहरिए
कृपासिन्धु कोसलधनी सरनागत-पालक,
ढरनि आपनी ढरिए।।
हौं तो बिगरायल और को,
बिगरी न बिगारिए
तुम सुधारि आए सदा बकी सब विधि,
अब मेरीयो सुधारिए।।
जग हँसिहै मेरे संग्रहे,

कत ऐहि डर डरिए?
कपि केवट कीन्हें सखा जेहि सील सरल चित
तहि सुभाव अनुसरिए।
अपराधी तउ आपनो
तुलसी न बिसरिए।
टूटियौ बौह गरे परै, फूटेहूँ बिलोलन
पीर होति हित करिए।

वे ध्यान विभोर-से सुन रहे थे।

मलूक ने फिर आर्द्र कण्ठ से गाया–

तुम तजि हौं कासों कहौं
और को हितु मेरे?

दीनबंधु सेवक सखा, आरत अनाथ पर
सहज छोहु केहि फेरे?
बहुत पतित भवनिधि तरे
बिनु तरि बिनु बेरे
कृपा, कोप, सति भाव हूँ धोखे हूँ,
निरछेहुँ राम तिहारेहि हेरे।
जौं चितवनि सोंधी लगै।
चितइए सबेरे,
तुलसीदास अपनाए कीजै न ढील

मूलक रुक गया। वृद्ध कवि ने कुछ देर बाद कहा : वत्स! विनय-पत्रिका पूरी नहीं हुई।

''बाबा, आपने सब तो प्रभु को सुना दिया? कहा ही है–

दशरथ के समरथ तुम्हीं
त्रिभुवन जस गायो
तुलसी नमत अवलोकिए बलि बाँह बोल
दै बिरदावली बुलायो

''नहीं वत्स! अभी मन नहीं भरा। मैं बोलता हूँ, तू लिख।''

वह लिखने लगा। और कवि आँखें मींचकर धीरे-धीरे गाने लगे–

राम राय बिनु रावरे
मेरे को हितु साँचो!
स्वामी सहित सब सों कहों सुनि गुनि विसेषि
कोउ रेख दूसरी खाँचो।।

देह जीव जोग के

सखा मृषा टाँचन टाँचौ

किए बिचार सार कदली ज्यों मनि कनक संग लघु

लसत बीच बिन काँचो।।

विनय पत्रिका दीन की,

बापु! आपु बाँचो

हिये हेरि तुलसी लिखी सो सुभाय सही

करि बहुरि पूछिए पाँचो।

वे फिर ध्यान में डूब गए। मलूक ने देखा। विनय-पत्रिका में एक पद बढ़ गया था। वह उसे सुनाने बाहर ले गया है। कुछ ही देर में काशी में उस गीत की असंख्य प्रतियाँ नकल होकर फैल गईं और मन्दिरों में लोग गाने लग गए।

और वृद्ध कवि के नयनों में फिर से अतीत घूमने लगा, जाग्रत् होकर, नई चेतना से भरा हुआ। स्मृतियों के बोझल पंख फैलाकर मन का भ्रमर अतीत के फूल पर फिर मँडलाने लगा।

एक भव्य आलोक आकाश में तिरोहित हो गया। राजापुर में साँझ हो गई। मन्दिर में दीप जलने लगे।

एक तरुण ब्राह्मण आया। उसको देखकर सबने सम्मान किया क्योंकि वह महापण्डित था।

''अरे!'' एक ने कहा—''यह तो, यह तो...''

''हाँ!'' तरुण ने गम्भीर स्वर से कहा : ''मैं वही तुलसीदास हूँ और आचार्य स्वामी नरहरि तथा आचार्य शेष सनातन की आज्ञा से पुनः राजापुर लौट आया हूँ, धर्म जगाने के लिए।''

धर्म???

कैसा धर्म!!!

सैकड़ों नर-नारी बैठ जाते। तुलसीदास राम की पवित्र कथा सुनाया करता। लोग रोते, हँसते, झूमते। तुलसी का स्वर बड़ा कोमल था।

कथा जब समाप्त हुई, भेंट चढ़ने लगी। वह तुलसी का संबल हुआ।

दूसरे दिन राजापुर में धूम मच गई। लोगों में चर्चा चल पड़ी।

''वह मनुष्य नहीं, पृथ्वी का देवता लगता है।''

''कितना ज्ञान है उसमें!''

''वेद, पुराण, सब जीभ पर रखे हैं भइया!''

''भला बताओ!! कैसी संस्कृत फटाफट बोल जाता है। हमारे यहाँ भी बड़े पण्डित

हैं। पर किसी की हिम्मत नहीं हुई कि सामने आ जाता।''

''आ जाता तो कल वह बराबर भी कर देता। कैसा तरुण है!''

पनघट पर भी बात हुई।

''मैया री मैया? शेर का-सा दहाड़ता है।''

''ब्राह्मण है ब्राह्मण?'' एक किशोरी ने कहा।

''रत्ना!'' एक स्त्री ने कहा : 'तू कब लौटी थी रात कल! मैं तो आधी कथा में उठ आई थी।''

''पूरी कथा सुनी हमने तो। मुझे तो एक और बात भाती है।''

''वह क्या?''

''मुझे तो वे कवि लगते हैं।''

''तुझे कैसे खबर?''

''जब मैं ही कविता बना लेती हूँ चाची,. तो उनको क्या कठिन पड़ेगा। तुमने देखा नहीं? कथा सुनाते-सुनाते कभी-कभी भाषा के पद सुनाने लगते हैं कल कितने सुन्दर बरबै सुनाए थे—

केस-मुकुति सखि मरकत मनिमय होत
हाथ लेत पुनि मुकुता करत उदोत।

फिर वह कुएँ से पानी खींचती हुई अपने-आप धीरे-धीरे गुनगुनाने लगी।

चंपक हरवा अंग मिलि अधिक सोहाइ।
जानि परै सिय हियरे जब कुम्हिलाय।

फिर रात हुई।

भीड़ दुगनी हो गई थी।

तुलसी का नाम फैलने लगा।

वह धारासार शब्दों की पांति लगा देता और रामायण सुनाता। बीच-बीच में हिन्दी के पद जोड़ता। लोगों को आनन्द आता। जिन बातों को धर्म-धुरंधर लोग कहते न अघाते, परन्तु लोग नहीं सुनते थे, तुलसी सुनाता तो चारों ओर सन्नाटा छा जाता। वह लोक में वेद, ब्राह्मण, गौ, और धर्म के पुनरुद्धार की बात सुनाता और राम का रक्षक स्वरूप हृदयों में भरता हुआ अतीत के गौरव की बात कहता। ब्राह्मण प्रसन्न होते। लोग कहते। यह तो कोई साधारण विद्वान नहीं।

''वह तो वैशम्पायन है।''

''कलियुग में ब्राह्मण ज्योति है।''

ब्राह्मण प्रसन्न हो उठे। भीड़ें आतीं और राम का नाम सुनकर चली जातीं, फिर आतीं और फिर सुनतीं। भेंट अब अधिक मिलने लगी। स्त्रियों के लिए अधिक आनन्द का विषय हो गया। वह सुन्दर भी था। युवक था।

एक वृद्धा ने पूछा : पंडित विवाह हुआ?

तुलसी ने कहा : नहीं माता।

"क्यों नहीं किया?"

"दरिद्र ब्राह्मण हूँ।"

"ब्राह्मण का धन तो विद्या है बेटा! वही धन तो सबसे बड़ा धन है।"

तुलसी चुप हो गया पर बात मन में चुभ गई।

आज वह कथा सुना रहा था। हठात् एकबारगी ही उसके नेत्र ठिठक गए। वह संभल गया। फिर कथा सुनाने लगा। उसे लगा उसका कण्ठ अब अपने-आप अधिक सुरीला हो गया था। श्रोता मन्त्रमुग्ध बैठे थे।

तुलसीदास ने कथा कहते-कहते फिर सिर घुमाया। फिर उसका मन जैसे सुलग उठा? वहीं, वहीं।

नेत्र फिर हट गए।

परन्तु तीसरी बार देखा तो वही विभोर तन्मयता। वहाँ तो अहंकार को तिरोहित करके मूर्तिमती श्रद्धा बैठी थी। उस आत्म-समर्पण में कितनी पवित्रता थी!

खिंची हुई भवें, उनींदे-से नेत्र जो शायद कल्पना से बोझिल हुई पलकों को हटाकर ध्वनि को आत्मसात कर लेना चाहते थे।

कथा समाप्त हो गई।

लोग भेंट देने आने लगे।

वह आई।

उसने केवल एक फूल चढ़ा दिया।

तुलसीदास ने उस फूल को उठाकर राम के चरणों में अर्पित करके अपने सिर में लगा लिया। रतना ने देखा। आँखों में विभ्रम कांपा। होंठों पर गर्व की मुसकान ने यौवन और रूप की रक्षा में परदेसी आँखों के सामने बलैया ली। और फिर कपोलों पर रक्तिम लाज ने पृष्ठ बदला, तुलसी को लगा जैसे अनेक सर्ग, अनेक काण्ड उस निमिषमात्र में निकल गए। वह गोरी ब्राह्मण कन्या, उसके माथे पर भास्वर प्रतिभा और फिर उसकी वंदना में कल्याणी गरिमा उठी और तब तुलसीदास के रोम-रोम में एक स्फुरण हुआ जो श्रद्धा के कन्धों पर सिर रखकर मानो अपने-आपको भूल गया।

रत्ना आई। चली गई। केवल एक बार उसने मुड़कर व्याकुल शकुंतला की भाँति देखा, फिर लगा जैसे कमलों की सृष्टि हुई और फिर वे कमल शतदल होकर चितवन

के सहारे से झूमने लगे।

तुलसीदास का मन-भ्रमर की भांति उड़ चलने के लिए व्याकुल हो उठा।

एकान्त रात्रि में तुलसीदास शय्या पर लेटा था।

वसन्त की-सी मीठी बयार चल रही थी। आकाश में असंख्य नक्षत्र झिलमिला रहे थे। निशा सुन्दरी झिल्लियों के मिस धीरे-धीरे अपनी नूपुर ध्वनि गुंजित कर रही थी। आकाशगंगा पर एक मादक तन्द्रा-सी छाई हुई थी। तुलसी को लगा वह सारी रात एक सुन्दर तरुणी थी।

उसकी देह तो चाँदनी थी, और कमल उसके नेत्र थे। मुख चन्दा से भी सुन्दर था और वे खिंची हुई भवें जब याद आईं तो मन ऊर्ध्वगति पाँखी-सा अनन्त प्रकाश के नील में फरफराने लगा। दूर तक केवल प्रतिध्वनित होती हुई वही झंकार सुनाई दी।

तुलसी उठ खड़ा हुआ। उसने भीतर जाकर वह फूल उठा लिया। उसे आँखों पर फेरा, फिर अनजाने ही होंठों ने उस सुकुमार फूल को चूम लिया। कवि को लगा जैसे वही मुख अब बंकिम नयनों से देख रहा था।

नहीं, वह यहाँ नहीं था! यह तो उसकी स्मृति थी! कितनी कोमल, कितनी कवित्व भरी, किन्तु कितनी जीवित और तुलसी को लगा कि उस अन्धकार में फिर सृष्टि में व्यापती जा रही है, तन्मया, विमोहिनी, अपराजिता, माधुर्यश्री, सौम्यमंगला, चिरंतन रूप से मनोहारिणी नारी, आलोकिनी, मूर्तिमती रूपशिखा!!

अन्धकार सिहर उठा।

तुलसीदास ने फूल रख दिया। वह शय्या पर आकर फिर लेट गया। सो गया।

स्वप्न में कोई समीप आ गया।

कौन था!!

वही तो थी!!

कवि ने कहा : आओ सुन्दरी!

परन्तु सुन्दरी बोली नहीं। उसका वह अवाक् इंगित कितना बड़ा आवाहन था। तुलसी ने हाथ बढ़ाया...

आँख खुल गई। अन्धेरा मुसकरा दिया। तुलसी ने कहा : प्रभु! आज प्रार्थना करता हूँ। मुझे वही दे, मुझे वही दे,...

वायु हँसी, तारे हँसे, रात खिलखिलाई, और फिर वह सो नहीं सका...क्योंकि वह अकेला नहीं था, मन में कोई आ गया था, जो सता रहा था, सपनों की गहरी लहरों में भी जो अपने रूप की पतवारें खेता, अपनी तन्मयता की नौका को ले आता था, उसे भय नहीं लगता था...वह सारा समुद्र क्या था? तुलसी का प्यार, तुलसी का प्यार था वह...

आज तुलसी का हृदय आकुल था। वह कथा सुना रहा था, परन्तु बार-बार नेत्र व्याकुल से चारों ओर घूम जाते थे। वह नहीं दीख रही थी। हृदय बार-बार काँप उठता था। अन्त तक वह देखता रहा, कहीं भी नेत्र टिके नहीं, लहरों की तरह दृष्टि बढ़ी और अपरिचित मुखों की चट्टानों से टकरा-टकरा लौट गई। वह निराश हो उठा।

कथा समाप्त हो गई। भेंट चढ़ने लगी।

हठात् फिर किसी ने धीरे से एक फूल चढ़ाया।

तुलसी ने कहा : तू आ गया। अब की भेंट भगवान के चरण छूकर मेरे पास लौट आती है, केवल तू ही देवता पर चढ़ता है, पर मैं तुझे नहीं ले पाता।

रत्ना ने एक बार आँखें उठाकर देखा और मुसकरा दी।

वहाँ भीड़ थी। इंगित किया।

एक ओर चली गई।

तुलसी धीरे से उठा और वहीं गया।

"कौन हो तुम?"

'रत्ना।"

"कौन जाति हो?"

"ब्राह्मण!"

"ब्राह्मण!!" तुलसी उच्छ्‌वसित हो उठा।

"कहाँ रहती हो?"

"क्या करेंगे जानकर?"

तुलसी का मुँह बंद। क्या कहे?

रत्ना मुसकराई। कहा : पिता के पास आएँगे न?"

"क्यों?"

अबकी बार रत्ना सकपाई। बंकिम दृष्टि से देखा और खड़ी रह गई। तुलसी ने देखा तो कहा : आऊँगा। कल।

उसने पता बताया। चली गई। और कोई बात नहीं हुई। परन्तु इतिहास खुल गए। क्या बचा था कहने को!

कैसा मिलन था वह? मर्यादा ने दोनों को जकड़ रखा था। वह तो गरिमा से आवृत्त थी। सब कह गई, पर कहा कुछ भी नहीं। तुलसी को पसीना आ गया। उसे लगा वह उड़ रहा है।

उसने धीरे से कहा : कल आऊँगा।

रात आई। ऐसी बीत गई जैसे कभी नहीं आई। वह जैसा छोटा-सा व्यवधान था। उसका अनुभव ही नहीं हुआ। तुलसी को याद ही कहाँ था। उसे तो याद आ रहा था : पिता

के पास आएँगे न?

क्यों?

कोई उत्तर नहीं।

''मेरे पास कुछ नहीं है।'' तुलसी ने कहा था।

वृद्ध ने देखा और कहा था : ''क्या नहीं है?''

''धन।''

''धन? ब्राह्मण को धन से क्या करना है तुलसीदास! दोनों बेला पेट भरने को अन्न भगवान दे दे, वही धन है। और अभी इतना कलियुग नहीं है कि वह भी नहीं मिलता हो।''

रत्ना के पिता की बात सुनकर तुलसी का सिर झुक गया।

''तुम प्राचीन वैदिक रीति से मेरे पास कन्या माँगने आए हो तुलसीदास! आत्माराम दुबे को कौन नहीं जानता था! मैं सब सुन चुका हूँ। स्वामी नरहरि और आचार्य शेष सनातन ने तुम्हें पढ़ाया है। राजापुर तुम्हारा नाम ले रहा है। रत्ना के लिए तुम-सा अच्छा वर मुझे कहाँ मिलेगा! मैं अवश्य तुम्हें ही कन्यादान दूँगा।'' वृद्ध रुका, फिर कहा– ''मेरी बेटी भोग-विलास की दासी नहीं है, वह अपनी माता के समान ही धर्मपरायणा है। उसका मन बड़ा सरल और बड़ा ही स्वाभिमानी है। मुझे वह बहुत ही प्रिय है। तुम कवि हो वह भी कविता करती है। ब्राह्मणों के घर में जैसे विद्या की ही चर्चा चलनी चाहिए, वैसी वह बुद्धिमती है, जो उसी मर्यादा का निर्वाह कर सकेगी। संकोच न करो वत्स! धन क्या होता है?''

भीतर से एक बालक आया। रत्ना का छोटा भाई था, बोला– दादा! दादी अम्मां ने बुलाया है।

''आता हूँ बेटा!''

वृद्ध भीतर चला गया। बालक भी चला गया। भीतर से हँसती हुई नाइन आई। बोली : पालागन पंडितजी!

''जीती रहो!'' तुलसी ने कहा।

नाइन ने घूंघट में से देखते हुए कहा : पंडितजी! तुम्हें खबर कैसे लगी कि हमारे यहाँ एक अनब्याही लड़की है?

तुलसीदास सकपका गया। भीतर लड़कियों के हँसने का स्वर आया। तुलसीदास ने कहा : अरी मैं ज्योतिष जानता हूँ। कल रात पितरों ने दर्शन देकर कहा कि तुलसीदास! जाकर ब्याह कर। मैंने पूछा कहाँ जाऊँ? उन्होंने यहाँ का पता बता दिया।

''हाय जीजा!' नाइन ने ठिठोली की : ''सब जानती हूँ। भूतों ने नहीं, तुम्हें यहाँ का पता किसी भूतनी ने बतलाया है!''

लड़कियाँ फिर हँसीं।

वृद्ध लौट आया। कहा : वत्स! तुम्हें मैं वचन देता हूँ। कन्या तुम्हारी ही होगी।

तुलसी को लगा था जीवन सुगन्ध से भर गया, लौटते समय पथ पर धूप सुनहली हो गई थी। सब कुछ उस दिन कितना सुन्दर हो गया था!!

विवाह हो गया था। वे गीत, वे कोलाहल! उस समय की स्त्रियों में चलती गालियों को सुनकर तुलसीदास को बुरा लगा था। उसने सोचा था—क्या यही स्त्रियाँ अपनी सन्तान को इस पवित्र देश में अच्छी शिक्षा दे सकती हैं? कैसे यह स्त्रियाँ, जो इतनी लज्जाशील बनती हैं, इतना बक लेती हैं? और पुरुष सुनते रहते हैं? वहाँ माँ-बेटी, सास-बहू संग बैठकर कहनी अनकहनी गाती हैं। यह कुरूपता इस देश में कहाँ से आ गई?[1]

परन्तु वह विचार आया, चला गया।

रत्ना आ गई थी।

उसके मुख पर कितना लावण्य था!

वह घर से चलते समय माता-पिता और सखियों से गले मिलकर फूट-फूटकर रोई थी। पराए घर जो जा रही थी। उसकी आँखों से आँसू नहीं थमते थे। अतीत का सारा ही चित्रपट सजीव हो उठा था। और वे मनोमुग्धकारी स्मृतियों के पाश उसे बार-बार जैसे बाँध लेते, जिन्हें वह तरल आँसुओं के कर्त्तव्य खड्गों से बार-बार काटने का प्रयत्न करती। पिता ने आशीर्वाद दिया। माता ने उपदेश।

नारी का विचित्र भाग्य था वह! स्वयं ही तो उसने पुरुष को निमन्त्रित किया था कि आ, मुझे अपने साथ ले चल! और जब वह आ ही गया था तो फिर बिछुड़ते हुए संसार को देखकर रो उठी थी। कैसे होता है यह सब! कैसे रह लेती है वह एक नए स्थान में जाकर! पुरुष इस तरह क्या जा सकता है? नए व्यक्तियों से मिलती है और उनके स्वभाव से परिचय प्राप्त करती है, उनके अनुसार अपने को बदलने का भी प्रयत्न करती है।

क्यों यही संसार का एक नियम है?

तब तुलसीदास ने सोचा था—यही धर्म का पथ है। आर्य पथ यही है। सनातन धर्म यही है।

और फिर वह सब भावना भाप ही तरह उड़ गई थी। केवल रत्ना पास रह गई थी।

उसने आश्वासन देना चाहा, परन्तु वहाँ तो एक नया ही चित्र उभर आया था।

रत्ना ने उसे देखा था तो लाज से मुसकरा उठी और मुख पर असीम सुख की प्रतिच्छाया थी!

यह कैसे हुआ? उसने सोचा!

---

1. आगे चलकर जानकीमंगल और पार्वतीमंगल इसीलिए लिखे गए थे कि विवाह के समय पर गाए जा सकें।

क्या नारी का नेह ऐसा ही अनबूझ बना देने वाला है? क्या इस संसार में वह अत्यन्त रहस्यमयी नहीं है?

और रहस्य की वह अनुभूति तुलसीदास के मन को रत्ना की ओर बरबस और समीप खींचने का मान करने लगी।

घर सज गया।

''मेरे पास है ही क्या रत्ना!'' उसने कहा था।

''मेरे लिए तुम हो, यही बहुत है,'' रत्ना ने उत्तर दिया था।

वह थोड़े से शब्द तुलसीदास के मानसपटल को झनझना उठे।

और अब याद आया।

पहले वसन्त आता था, एक सूनापन-सा अनुभव होता था। अब कुछ अच्छा था, परन्तु दूर-दूर-सा लगता था। पतझर के गिरते पत्तों से छा जाने वाली वीरानगी में मन के न जाने किस कोने में से समता की ललकार-सी गूँजती सुनाई दिया करती थी। और भयानक ग्रीष्म में दिन-भर जब लुएँ चलती थीं, हरहराकर तप्त धूलि से धरती को भर देती थीं, तब कभी डर लगता था, दाह-दाह को पुचकाराता था; संध्या में प्रकृति थक जाती थी, चारों ओर शीतलता छा जाती थी। तब मन किसी शीतलता के नए ही सर्ग को चाहता था। पुरवैया, घने वनों में मर्मर करती, छायाओं से झूमर खेलती अपने उनींदे नयनों को मलने लगती, उस समय लगता था कि इस सबके भीतर क्या गर्भ में कोई एक और पूर्णता है? वर्षा की कड़कती बिजलियाँ और धरासार गिरते मेघों पर जब मतवाले होकर अपनी हूकभरी कूकों से मोर हरे-भरे नीलम छायावाले पहाड़ों और गड़रिए की बाँसुरी से गूंजते खेतों और मैदानों, जंगलों और राहों में एक उल्लास की मादकता भर-भर देते थे, तब क्यों लगता था कि अभी कहीं आशा की वीरवधूटी नहीं रेंगी है, अभी कहीं उन्माद का जलधर नहीं झूमा है, अभी कहीं सफेद पक्षियों की भांति अंगों की वासना का उन्मेष सघन हरियाली पर उड़कर लय नहीं हुआ है, अभी कहीं अपनी सत्ता की पूर्णता और शान्ति नहीं मिली है, जो सहज रंगों से स्फुरित होकर इन्द्रधनुष की भांति जगमगा सके?

वह सब अब नहीं रहा। ऐसा लगा कि सब कुछ तृप्त हो गया है, परन्तु यह तृप्ति अपने आपमें पूर्ण नहीं है। यह तो एक अग्नि है। जलाए रखने के लिए असीम दाह की आवश्यकता है, ऐसा दाह जो अपने-आपको शीतल समझना प्रारम्भ कर दे। वहीं वह अचिरवती दृष्टि के परे स्वयंभू आनन्द है, जहाँ से न गिरने का भय है, न मुरझाने की यातना का आतंक ही।

तुलसीदास खेल नहीं रहा था, वह क्या अपने-आप खिलौना बन गया था?

''मैं क्या हूँ रत्ना?'' वह पूछता है।

''तुम!'' रत्ना देखती और फिर उसकी आँखें बोलने लगतीं, मुँह चुप रह जाता।

तब तुलसीदास को लगता कि आँखें नहीं, मन बोल रहा है इसका। फिर अपनी ही उलझन कहती : नहीं, यह तो सत्ता का पूर्ण लय है। पूर्ण लय है।

"रत्ना!"

"क्या है नाथ?"

नाथ!!

तुलसी के मन में हूक कसक उठती!

"रत्ना!!"

"जी!!'

"तू मुझे दूर-दूर रखती है।"

रत्ना चुप थी।

"ऐसा क्यों करती है?"

उसने अबूझ बनकर देखा।

वह अपने घुटनों पर मुँह रखे देखती रहती, बोली नहीं।

तुलसीदास उसके केशों पर हाथ फेरता। सरसों के तेल से चिकनी, काली मोटी वेणी दिखाई देती। तुलसीदास कहता : कैसी नागिन है!!

"कौन?"

"यह!" कवि उत्तर देता।

रत्ना कहती : "डर गए?"

"तू भी तो मुझसे डरती है?"

"नहीं, डरती नहीं।"

"फिर?"

"मैं कैसे कहूँ? स्त्री कभी कहती नहीं।"

"क्या नहीं कहती रत्ना?"

"यही कि वह जब प्रेम करती है तो उसे क्या होता है?"

"क्या होता है आखिर?"

"वह अपने-आपको न्यौछावर कर देती है।"

"मुझे विश्वास क्यों नहीं होता रत्ना!"

"तुम पुरुष हो स्वामी! तुम कठोर हो। सनातन काल से स्त्री ही कोमलता से रहती आई है।"

तुलसीदास मुसकराया।

रत्ना कहती रही : पुरुष इतना कठोर है, फिर भी स्त्री ने उसे इतना स्नेह दिया है!

"क्यों दिया है रत्ना?"

"मैं नहीं जानती।"

"कहो, अयोग्य को दान देने की आवश्यकता ही क्या है?"

"ठीक कहते हो। परन्तु उसके बिना रहा भी तो नहीं जाता।"

"तू झूठ कहती है रत्ना! तू झूठ कहती है।" कवि कह उठा था।

"क्यों?"

"पुरुष अपने-आपको खो देता है रत्ना! पत्थर भी पानी हो जाता है, किन्तु कोमल दिखाई देने वाली स्त्री! उसका हृदय अपने ही लिए कोमल होता है, दूसरों के लिए नहीं।"

रत्ना मुसकराई थी। और तुलसीदास ने कहा था : "पत्थर? तू भी पत्थर है।"

"फिर मुझे क्यों चाहती हो तुम?"

"दुर्भाग्य से या सौभाग्य से मैं सदा ही पत्थर को भगवान समझकर आराधना करता रहा हूँ।"

"कब तक करते राहेगे?"

"मृत्यु तक।"

"छिः! क्या कहते हो?"

"क्यों, क्या हुआ?"

रत्ना रूठी। कहा : कुछ नहीं!

"ओह! नारी भी कितनी बड़ी उलझन है! कभी उंगली उठाकर पानी पर लिखता हूँ तो लहरें जैसे ठहर जाती हैं, कभी धूलि पर अ आ बनाता हूँ तो वह मेरी ही आँखों में आ-आकर भर जाती है।"

रत्ना कवयित्री। समझ गई। मुसकराई। कहा : "चलो रहने दो। तुम्हें तो दिन-भर यही रहता है। कोई और बात करते ही नहीं।"

"मुझे और कोई बात भाती ही नहीं रत्ना!"

"क्यों?"

"मैं तुझे देखना चाहता हूँ।"

"मैं मर गई तो?"

तुलसीदास के नेत्रों में आतंक का बवंडर विक्षुब्ध होकर दूर भीतर मन की विशाल खाइयों में उतरकर जैसे गूँजने लगा।

"रत्ना!"

"क्या है?"

तुलसी ने उसे अंक में भर लिया।

"क्या हुआ नाथ?"

तुलसी ने कुछ नहीं कहा। वह जैसे कहना चाहकर भी कुछ कह नहीं पा रहा था। शब्द अटक-अटक जाते थे, अपने-अपने दायरों में जैसे उसकी गहरी अनुभूति को प्रकट कर सकने में असमर्थ हो गए थे।

केवल रत्ना का सिर तुलसीदास के वक्ष पर टिका रहा और वह उसके केशों को

सहलाता रहा। उसके बाद कुछ नहीं। एक चिरंतन आश्वासन-सा जैसे वह समस्त अन्तराल में से अपने लिए खींचे ले रहा था, खींचे ले रहा था।

रत्ना ने सिर उठाया। कहा : स्वामी!

"क्या है रत्ना?"

रत्ना ने देखा तो विभोर-सी उसके मुख को देखती ही रह गई। वह जैसे उस एकान्त में लज्जा के परे थी। वहाँ नारी और पुरुष नहीं थे, केवल दो चेतन थे, दो प्राण थे, जो अपने बाह्य में भिन्न होकर भी, जब व्यवधानों को छोड़ चुके थे, तब जैसे वे एक हो गए थे, एक हो गए थे......

यह जीवन एक बड़ा विशाल वन है। इसमें असंख्य प्रकार के द्रुम हैं। वे एक-दूसरे के पास रहकर भी, एक-दूसरे की ओर हवा के झोंके खाकर भी, अपने अंतस् में एक-दूसरे से अपरिचित-से ही रहते हैं। परन्तु जब किसी वृक्ष पर बेल चढ़ने लगती है तब समीर भी झकोरे ले-लेकर चलता है क्योंकि किन्हीं की प्रेमभरी बातों को सुनकर विहंस उठता है।

इस संसार के वृक्ष पर अनेक पक्षी हैं। पर वे सब अलग-अलग से प्रभाव में कलरव कर उठते हैं। झुण्ड बनाकर उड़ते हैं और दाना-पानी चुगकर, चुनकर, संध्या में इकट्ठे ही लौट आते हैं। परन्तु जब नर और मादा पक्षी मिलते हैं, तब एक नया ही नाटक प्रारम्भ होता है। मादा बैठ जाती है, नर चारों ओर मान मनाता है। फिर दोनों ही नंगी डालें छोड़कर चोंच से उठा-उठाकर तिनके इकट्ठे करते हैं, नीड़ बनाते हैं। और फिर सब आकाश में सतरंगी छायाएँ साँझ में करवटें बदलने लगती हैं, वे दोनों पक्षी एक-दूसरे के पास बैठकर प्रलय तक को झुठाने की कल्पना करते हैं, अपने को शाश्वत समझ लेते हैं।

यह संसार तो एक विराट समुद्र है। असंख्य ही तो इसमें तरंगें हैं, और इतनी कि उनके स्तरों के नीचे स्तर हैं, और वे अतलांत तक ऐसे ही अपने ही अनुशीलन में डूबती-उतराती चली जाती हैं। परन्तु जब दो लहरें चलती हैं तब वे उठती हैं, गिरती हैं, बल खाती हैं और फिर अलग होती वे एक हो जाती हैं और फिर वे समुद्र का रूप धारण करके अपने-आप में सार्थक बन जाती हैं। उनका वैविध्य उनके एकत्व में पूर्णता को प्राप्त कर जाता है।

यह संसार इसी प्रकार बड़ा विचित्र है। जब एक पुरुष और एक नारी मिलते हैं तब मीठे-मीठे स्वप्नों का सृजन होने लगता है, ऐसे जिनका कहीं अन्त ही नहीं समझा जाता, अपने-आपमें

वे स्वप्न सचमुच बड़े मीठे और आकर्षक होते है। दोनों एक-दूसरे से रूठते हैं, और फिर मिलते हैं। खीझते हैं कि अधिक मन को मोह सकें, लड़ते हैं कि एक-दूसरे के समर्पण की अति को सकें, मिलते हैं कि अपने-अपने लय को अभिव्यक्ति दे सकें और अपनी-अपनी सत्ता के अलगाव पर इसलिए अधिक बल देते हैं कि जब तक अलगाव की भावना रहेगी तब तक पास आने की, एक-दूसरे में खो जाने की तन्मयता भी उसी रूप में बढ़ती रहेगी। यह तो जैसे पहले आराधना है, फिर नीराजना। पहले यातना है, तब साधना। पहले मुक्ति, फिर बंधन। अनुरक्ति और विकास, जैसे रत्ना और तुलसी अथवा इसका विपर्यय। वहाँ तो कोई भेद करना ही कठिन हो गया, क्योंकि आसान और मुश्किल दोनों छोर एक-दूसरे में ऐसे गुंथ गए थे कि वहाँ एक गाँठ पड़ गई थी। और उलझन ही उस गाँठ का पूर्ण सुख था, पूर्ण तृप्ति थी।

और दिन बीतने लगे।

रत्ना ने कहा : आज तो मैं लाज से मर-मर गई।''

''क्यों?''

''स्त्रियाँ पनघट पर कहती थीं तूने आकर उन पर जादू कर दिया है।''

''तो इसमें झूठ ही क्या है रत्ना!''

''चलो हटो, तुम्हें लाज नहीं आती।''

''इसमें लाज की बात भी क्या है? हम तुम पति-पत्नी नहीं हैं?''

''हैं तो क्या इतने में ही सब कुछ खतम हो जाता है?''

''इसके आगे क्या है भला?''

''समाज है। कोई बात है। लोग कहते हैं कि तुम शाम को कथा सुनाने में भी दिलचस्पी नहीं लेते। पहले वाली बात ही नहीं है।''

''तुझे कैसा लगता है?''

''मुझे भी यही अनुभव होता है।''

''जो अनुभव तुझे तब हुआ था रत्ना, वह बार-बार तो नहीं हो सकता और दूसरों में वह पाप होगा भी क्यों?''

''चलो रहने दो। जब कहती हूँ तो ठिठोली में बात ही उड़ा देते हो। ऐसे कहीं काम चलता है? मैं कहती हूँ दुनिया में मैं ही तो सब कुछ नहीं हूँ।''

''तू तो मेरी अर्द्धांगिनी है। तेरे बिना मुझमें पूर्णता कहाँ है रत्ना?''

''मैं अर्द्धांगिनी हूँ। धर्मपत्नी हूँ। मैं स्त्री हूँ। तुम पुरुष हो। इतना ही तो मेरा-तुम्हारा सम्बन्ध नहीं है? हमारा-तुम्हारा धर्म का भी तो सम्बन्ध है। हम-तुम तो गाड़ी के दो पहिए हैं। एक पर दूसरा अटककर रह जाएगा तो गाड़ी चलेगी कैसे?''

तुलसीदास निर्निमेष नेत्रों से देखता रहा। जैसे कुछ सुन नहीं रहा था। रत्ना ने देखा

तो मुख लज्जा से लाल हो उठा।

"कितनी सुन्दर है तू!" तुलसीदास ने कहा—"कितनी आकर्षक है!"

"सुनो! मैं तुम्हारे विलास का कोई साधन नहीं हूँ। मैं तुम्हारी पत्नी हूँ। मैं इस तरह अपनी बदनामी नहीं सह सकती।"

"पगली! वे मूर्ख हैं। वे हृदय नहीं रखते। वे केवल रूढ़ियों में बंधे हुए चलते चले जा रहे हैं। वे नहीं जानते कि जब हृदय हृदय से बोलता है, तब वाणी मूक हो जाती है, और एक स्पंदन ही अव्यक्त गरिमाओं का वहन करने लगता है। मैं उसी को देखता हूँ रत्ना! उससे परे कुछ भी नहीं है। मैं जब आँखें उठाकर देखता हूँ तू ही दिखती है। और जब मन में देखता हूं तब भी तू ही दिखाई देती है। मैं क्या करूँ रत्ना! मुझसे इतनी निष्ठुर न बन।"

रत्ना अवाक् रह गई थी।

तुलसी ने आर्द्र कण्ठ से कहा था—रत्ना!

वह चुप रही थी।

"बोलती क्यों नहीं?"

उसने रूठकर मुँह फेरकर कहा था : क्या है?

"तू जो कहे मैं वही करूँगा।"

रत्ना बोल नहीं सकी।

तुलसी ने कहा, "रत्ना!"

वह चुप ही रही थी। पर तुलसी को उत्तर न देते देखकर उसने कहा था : बोलते क्यों नहीं, चुप क्यों हो गए?"

"तू पूछती नहीं, तो मैं नहीं बोलता रत्ना! मेरा प्रेम तेरी तृप्ति माँगता है। पर यदि तू उपेक्षा भी करती है, तब भी मैं तुझे नहीं छोड़ सकता रत्ना! तू मेरे हृदय में बसी हुई है। तू तो मेरा ही रूप है। मैं तुझसे अलग नहीं रहा हूँ अब।"

रत्ना ने सुना।

तुलसी कहता गया : जन्म होते ही जिस अभागे को घर में माता-पिता और सम्बन्धियों का स्नेह नहीं मिला, जो कुत्ते की तरह अपमान और ठोकरें सहता हुआ अपने हृदय का भार लिए डोलता रहा, उसे अब ही तो स्नेह मिला है रत्ना! मैं बड़ा दुखी था रत्ना! बड़ा दुखी था। मैं जीवन के प्रति इतना निराश था, कि आखिर मैंने अपने अभावों से भरे दुःख को ही अपना सुख मान लिया था। हीनत्व की वह कचोट, अपनेपन का वह तिरस्कार जो संसार ने मुझे दिया था, वह मैं कैसे भूल सकता था रत्ना! किन्तु तू आई तूने मुझे एक नवीन ज्योति दी। तेरे स्पर्श से मैं पर्वत के समान लहलहा उठा हूँ रत्ने! तू मेरी है। तू मेरी है...

तुलसी का गला रुंध गया।

रत्ना की आँखों में पानी भर आया। वह सहानुभूति के अश्रु थे या अपने प्रति

प्रेम की अभिव्यक्ति की स्वीकृति थी, या एक आत्म सुख था, या नारी की दया थी। या क्या था, वह तुलसी समझ नहीं सका।

देर तक दोनों एक-दूसरे को देखते रहे।

''रत्ना!''

''नाथ!''

''तू रूठी तो नहीं है?''

''नहीं।''

''मुझपर तू अपना रोष हृदय में छिपाकर तो नहीं रखती न?''

''तुम्हें विश्वास नहीं होता?''

'रत्ने! मेरी सत्ता केवल विश्वास है। वह विश्वास बड़ा अदृढ़ था, और फिर जब तू आई तो वह अत्यन्त कोमल भी हो गया है। वह स्नेह की भीख माँगता है, याचना करता है...

तुलसीदास के हाथ फैल गए थे।

प्रेम का द्वन्द्व कैसा विचित्र था!

नारी ने पुरुष का समर्पण माँगा नहीं था, परन्तु चाहा था। वह उसे मिल गया। परन्तु कोई प्राप्ति अपने आपमें पूर्ण सांत्वना नहीं होती। अभाव भाव बनकर बोझल हो गया! रत्ना ने तुलसी पर अपने आपको न्यौछावर किया था! तुलसी ने अपना समर्पण!

नारी बेल की भांति छा जाना चाहती थी, पर अपने सहज स्वभाव में उसके भीतर यह भी था कि पुरुष वृक्ष की भांति खड़ा रहे, लचके नहीं। यहाँ तुलसी के भार से जैसे रत्ना दबने लगी। वह इतना कातर क्यों था! वह भिखारी ही बना हुआ था! क्यों? क्या वह अपने-आपको इतना भूल चुका था!

रत्ना उन नारियों में थी जिनके अनुसार हर एक की अलग-अलग मर्यादा थी। एक क्षण था जब वह अपने को ही तुलसी के लिए एकमात्र विवेच्य समझती थी। दूसरे क्षण वह अपने को ही नहीं, अपने पति के लिए संसार को ही देखती थी। वह चाहती थी उसका पति प्रसिद्ध बने। उसका सम्मान हो। और तुलसी! उसकी तो जैसे सारी आकाँक्षाएँ ही समाप्त हो गई थीं। उसकी तो चाहें सिमट गई थीं। रत्ना एक शंख थी, तुलसी उसमें बैठा कीड़ा। तुलसी के लिए तो रत्ना थी। और कुछ जैसे था ही नहीं।

रत्ना को यह अति अच्छी नहीं लगती थी। जितना ही तुलसी का स्नेह एकांतिक और पत्नी परायण होता गया, रत्ना का अहं जागने लगा। तुलसी अब उसे पहले के समान नहीं दिखता।

पहले का वह ओजस्वी स्वरूप खाने लगा। उसे लगता वहाँ एक लोलुप व्यक्ति है, जो केवल विलास का प्यासा है, जो रत्ना के तन से ही खिलवाड़ करने को सब कुछ समझता है। इसी को वह इतना प्रतिभाशाली समझ बैठी थी!

जैसे वज्रवेग से उठने वाली लहर, दृढ़तम चट्टान को देखकर उठती है और भरपूर

उद्दामशक्ति से उससे टकराकर, फेन-फेन होकर बिखर जाने का आनन्द अपने बिन्दु-बिन्दु में भरकर, अपनी पराजय में अपनी विजय का अनुभव करना चाहती है, वैसे रत्ना तुलसी को देख पुलक उठी थी। परन्तु वह लहर बढ़ी तो देखा वहाँ चट्टान न थी, केवल रेत थी। उससे तो टकराने का प्रश्न ही नहीं था। वहाँ लहर गई, रेत अपने-आप भीगने को तैयार थी, भीग गई, और भीगी ऐसी कि उसने न फिर से सूखने की कामना की, न लहर का लौट जाना ही स्वीकार किया। रत्ना से तुलसी ऐसे ही भीग गया था। लहर का असंतोष भड़कने लगा। वह खेलना चाहती थी, और एक ऊँचे स्तर पर, हहराकर। यहाँ एक हारा हुआ व्यक्ति था। उसमें तड़क ही नहीं थी।

और यह द्वन्द्व अपनी अति में विसर्जन चाहने लगा, विसर्जन चाहने लगा...

बरसात आ गई थी। पथों पर कीचड़ हो रही थी। रत्ना पानी भरने गई थी। स्त्रियाँ खड़ी बातें करतीं आपस में ठिठोरी कर रही थीं।

चम्पा ने कहा : मैं तो कल पीहर चली जाऊँगी।

रत्ना ने कुछ नहीं कहा।

"तू कब जाएगी रत्ना?" कौसल्या ने पूछा।

रत्ना उत्तर देती तब तक एक कह उठी : "यह कैसे जाएगी बहन! इसका जैसा भाग तो किसी-किसी का होता है। इसका पति तो इसे पलकों में मूँदकर सोता है। वह जाने कब देगा!"

"चली जाएगी तो बिचारे को," चम्पा ने दबी ज़बान से कहा—"नींद भी नहीं आएगी।"

रत्ना कुढ़ गई। बोली : क्या कहती हो? उनको कौन रोटी बनाकर खिलाएगा?

चम्पा हँसी। कहा : मरद तो तेरा ही है न री! हमारे तो सब जाने क्या हैं? दो दिन आप रोटी बनाकर नहीं खा सकता है!

"अरी लाज कर।" एक अधेड़ स्त्री ने कहा—"कैसा कलजुग आया है! लुगाई को शरम नहीं आती कहते। माँ-बाप से तो नाता ही नहीं रहा। ब्याहता और रखैल को तो फरक ही नहीं रहा।"

पानी की बूँदें गिरने लगीं।

हठात् रत्ना को काठ मार गया।

तुलसी आ गया था। उन सब औरतों के बीच उसने कहा : रत्ना! पानी आ रहा है। तू भीग जाएगी। कहीं रास्ते में कीचड़ में गिर न जाए यही सोचकर मैं आ गया हूँ। ला घड़ा मुझे दे दे।

स्त्रियों ने एक-दूसरी की ओर इंगित किए। मुसकराईं। रत्ना की इच्छा हुई धरती फट जाए और वह वहीं समा जाए। क्या कहे वह? और उसके पति को कोई लज्जा

नहीं, संकोच नहीं!! क्या कह रहा है? सब सुन रही हैं। क्या कहेंगी यह? रत्ना अब क्या करे?

रत्ना समझ नहीं सकी। तुलसी ने घड़ा उठाकर कंधे पर रख लिया। और कहा : चल। सम्भल कर चलियो। कहीं गिर न जाइयो!

रत्ना को फिर काठ मार गया। वह उसके पीछे-पीछे चुपचाप उतर आई।

''हाय दैया!'' चम्पा का व्यंग्य सुनाई दिया। ''फर्श बिछवा दे देवर! कहीं बहू के पाँव न छिल जाए।''

तुलसी हँस दिया।

रत्ना ने मन ही मन कहा : निर्लज्ज!

वह पानी-पानी हुई जा रही थी। पीछे स्त्रियों के खिलखिलाने की आवाज़ आ रही थी। वह हंसी सुन-सुनकर रत्ना भीतर ही भीतर घुटने लगी।

लकड़ियाँ लेकर बैठते हुए रत्ना बिखर पड़ी।

उसने कहा : यहाँ क्यों बैठे हो चूल्हे के पास?

तुलसी ने कहा : लकड़ियाँ गीली हो गई हैं। तू फूंकेगी तो कष्ट होगा। ला, मैं चूल्हा जला दूँ।

''मुझे क्यों नहीं जला देते?'' रत्ना ने हठात् कहा।

''क्या कहती है?'' तुलसी ने पूछा।

''ठीक ही तो पूछती हूँ।'' रत्ना ने कहा—''तुम्हें सच कुछ समझ में नहीं आता। दुनिया को उपदेश देते हो, और आप मेरी जग-हँसाई कराते हो!''

''मैंने...मैंने क्या किया है रत्ना?''

''तुमसे किसने कहा था घड़ा आकर उठाने को? मैं नहीं उठा सकती थी? मेरे हाथ टूट गए हैं? मैं पानी में भीगकर गल जाती? मैं कीच में फिसलकर गिर जाती तो मर कर ही उठती? तुम्हें वहाँ आने की ज़रूरत क्या थी मैं पूछती हूँ? किसी और औरत का भी आदमी वहाँ आया था?''

''वे अपनी औरतों की परवाह नहीं करते रत्ना!''

''तुम करते हो अकेले? प्रेम तो तुम्हें ही आता है, कभी लाज भी आती है?''

''सच कहती है रत्ना!'' तुलसीदास ने कहा—मैं तेरे योग्य ही नहीं था। तुझ जैसी सुन्दरी और योग्य किसी धनवान के पास होनी चाहिए थी। क्या करूँ! धन नहीं है, तो क्या मदद भी नहीं करूँ? मैं जानता हूँ तुझे मैं सुख नहीं दे सका हूँ रत्ना, पर मैं क्या करूँ? भाग्यहीन हूँ। सदा से ही ऐसा रहा हूँ। आज भी हूँ।''

रत्ना उत्तर नहीं दे सकी। वह रोने लगी।

''क्यों रोती है रत्ना?''

वह नहीं बोली। तुलसी ने उदास स्वर से कहा—'दरिद्र का स्नेह भी उपहास बन जाता है। संसार कितना विचित्र है!''

''चुप रहो।'' रत्ना चिल्लाई। ''मैं कल मायके जाऊँगी।''

''मुझे छोड़कर?''

''तो क्या तुम ससुराल चलोगे?''

''क्यों, मैं नहीं चल सकता?''

''तुम आदमी हो कि अपनी सारी मान-मर्यादा खो बैठे हो?''

''तो तू कितने दिन में लौटेगी?''

''मैं न लौटूं तो मेरी लाश लौट आएगी। ऐसी क्यों चिन्ता करते हो?''

''रत्ना!!'' तुलसी पुकार उठा।

''क्या है?''

वह स्वर कठोर था। उसमें कोई सरसता नहीं थी, कोई निकटता नहीं थी।

तुलसी ने आँखों पर हाथ धर लिया।

''तुमने सुना था?'' रत्ना ने पूछा।

''क्या?''

''वे औरतें हँस रही थीं।''

''तुम्हें उनसे क्या?'' तुलसी ने टोका।

''तुम मेरे कौन हो, जानते हो?''

''कौन हूँ? पति हूँ।''

''पति हूँ।'' रत्ना ने मुँह चिढ़ाया। ''कभी शीशे में शक्ल देखी है? पति लुगाई के पीछे ऐसे डोलता है? तुमने तो मेरी नाक काट दी। अरे मरद हो। मरद बनकर तुम्हें रहना नहीं आता! चूड़ी पहनकर बैठ जाओ। मैं कर लूँगी सब काम! ऐसा होता है पति?''

बड़बड़ाती रही, जाने क्या-क्या!

थाली परोसकर सामने रखी। तुलसी ने हाथ नहीं बढ़ाया।

''खाते क्यों नहीं?'' रत्ना ने कहा—''क्यों जलाते हो मुझे? मार क्यों नहीं डालते एक बार ही?''

तुलसी चुप ही बैठा रहा।

''तुम्हें सौगन्ध है मेरी।'' रत्ना ने कहा, ''खाओ, नहीं तो मैं भी नहीं खाऊँगी।''

तुलसी ने हाथ से थाली सामने लेकर कहा : ''रत्ना! तुझे भी क्या घमण्ड है? तू क्या मेरे प्रेम को अच्छा नहीं समझती? एक दिन तू देखेगी कि तुलसी ने मुझे प्यार किया था रत्ना!''

रत्ना ने मुड़कर नहीं देखा। रोटी सेंकती रही।

तुलसी सोचता रहा।

''खाते क्यों नहीं?'' रत्ना ने कहा : ''क्या आज कथा सुनाने नहीं जाओगे रात को?''

"जाऊँगा क्यों नहीं!"

"भला तो। इतना तो कहा। वर्ना आज तो खैर नहीं थी। सब स्त्रियाँ कहतीं, ओहो कैसी घटा छा रही है, रत्ना ने न आने दिया होगा..."

और कहते तो कह गई, पर लज्जा से उसका मुख आरक्त हो गया। तुलसी ने कहा : तू तो बेकार डरती है। अरी! वे तुझसे जलती हैं, समझी! जलती हैं।

रत्ना ने ऐसे देखा जैसे क्या करूँ तुम तो जाने क्यों समझते ही नहीं। पर तुलसी खाता हुआ कह रहा था : खाना तो रत्ना तू बनाती है! तेरे हाथों से छूकर रोटी में कितना स्वाद आ जाता है!

रत्ना ने चिढ़कर अपने सिर पर हाथ मार लिया। चून बालों में लग गया। पर तुलसी अभी तक खाने की तारीफ ही करता जा रहा था...

अनंता नाई आ गया।

उसने कहा, "चलो बहू!"

"कौन है?" तुलसीदास ने कहा।

"अनन्ता हूँ। बहू ने बुलाया था।" बूढ़े ने कहा।

"क्यों?"

"वे पीहर जाएंगी। उन्हें पहुँचाने आ गया हूँ।"

तुलसी ने पुकारा, "रत्ना!"

"क्या है?" वह बाहर आई।

"तू जा रही है?"

"मैंने कल कहा तो था?" उसने पूछा।

"लेकिन," तुलसी ने कहा—"तू चली जाएगी तो मैं किसके सहारे जिऊँगा रत्ना ने जीभ काट ली।" अनन्ता मुसकराया। रत्ना को आग लग गई। बोली, "तू जा अनन्ता! मैं बुलवा लूँगी तुझे।"

"नहीं", तुलसी ने कहा—"तू जा। तुझे आने की ज़रूरत नहीं है। यहाँ सब पटरा हो जाएगा।"

अनन्ता चला गया। रत्ना रोने बैठ गई।

तुलसी समझा नहीं। बोला : अरी रोती क्यों है? तुझे यहाँ कोई दुःख है?

रत्ना ने उत्तर नहीं दिया। घड़े उठाए और मुँह पर घूंघट खींचकर चली गई।

कुएँ पर पहुँची तो स्त्रियों ने इशारे किए। अनन्ता नाई ठहरा। उसने घर से निकलते ही सब जगह बात फैलाने वाली अपनी नाइन से कह दिया और नाइन अपने धर्मानुसार सबसे कह आई। किसी से भी कहा तो कसम देकर कहा कि बस उसी से कह रही है और उसे भी किसी से नहीं कहना चाहिए।

कौसल्या ने कहा, "रत्ना! कल तू गिरी तो नहीं?"

रत्ना को लज्जा हुई। कहा, "गिर जाती तो तुम्हें सुख मिल जाता?"

"कैसे गिरती भला?" एक और बोल उठी, "गिरने को तो जगत् की लुगाइयाँ हैं उसको तो वह है न उसका? धरती पर पाँव ही नहीं रखने देता।"

'अपने-अपने भाग हैं। तुम क्यों जली जाती हो?"

"अरे आग लगे ऐसे भाग में। बंगाले की जादूगरनी की तरह भेड़ा बना रखा है। और मैं कहती हूँ, लोग कहते हैं इतना बड़ा पंडित है, पर अपनी अकल ज़रा नहीं।"

"चाची!" एक ने मज़ाक में कहा—"रूप और जवानी की बात अब भला तुम क्या जानो?"

"हाँ लाली!" उस स्त्री ने कहा : 'मर्द किसका नहीं होता! मेरे ही नौ बच्चे हुए पर ऐसा कभी नहीं हुआ। वे अब तो नाना हो गए, अभी दिन में नहीं बोलते, और यह भी खूब बेशरमी उठा रखी है! दिन-दहाड़े लुगाई के घड़े लेकर कहता है—कहीं रपट न जाए। ऐसी नहीं बड़ी रानी ले आया है फूलनदेई!!"

रत्ना का मुँह स्याह पड़ गया।

"छिः, ऐसा क्यों कहती हो?" एक अन्य स्त्री ने जले पर नमक छिड़का, "तुम्हारे नौ हुए। उसके तो अभी एक भी नहीं हुआ!"

स्त्रियाँ ठहाका लगाकर हँसी।

"क्यों री!" दूसरी ने कहा—"क्या कर दिया है तूने? कोई टोना-टोटका कर दिया उस पर?"

"क्या कहती हो," रत्ना ने खिसियाकर कहा—"तुम्हें लाज नहीं आती?"

"अरे लो। सुनती हो चाची! लाज हमें नहीं आती!! तुझे तो आती है न जो मरद पर घड़े उठवाकर भरी सड़क पर मटकती छम-छम करती चली जाती है? यह ब्राह्मनों के लच्छन हैं! ऐसा तो हमारे गाँव में पतुरिया भी नहीं करती।"

रत्ना का मन हुआ उस स्त्री का मुँह नोंच ले। परन्तु क्या करती! चुपचाप घड़े भरने लगी।

जब वह लौटी तो हृदय फट रहा था।

घर पहुँचकर खूब रोई। खूब रोई।

चम्पा आ गई।

रत्ना ने तुरन्त आँखें पोंछ ली!

चम्पा ने कहा, "क्यों रत्ना कुछ मंगाएगी? मेरे गाँव में चूड़ियों वाले व्यापारी अच्छी चूड़ियाँ लाते हैं।

"नहीं भाभी!"

"क्यों?"

रत्ना चुप रही।

''अरी तू रो रही थी क्या?''

रत्ना ने शर्म से सिर झुका लिया।

''क्यों रोती है भला? मुझसे कह पगली। कुछ तकलीफ है? घर में कोई और औरत है भी तो नहीं। कुछ होने वोने...''

''छिः छिः भाभी नहीं।'' रत्ना ने कहा—''क्या कहती हो?''

''क्यों, ऐसी कोई अनहोनी बात तो कहती नहीं। आखिर होते ही हैं।''

रत्ना कह नहीं सकी।

''तो क्यों बिहाल हुई जाती है?''

रत्ना का गला रुंध गया।

''अरी बता न?'' उसने स्नेह से पूछा।

''भाभी!'' रत्ना ने झिझकते हुए कहा।

''हाँ-हाँ!''

''वे तो पीहर नहीं जाने देते।''

''अरी बस इतनी-सी बात है?''

रत्ना को ढाढ़स हुआ।

चम्पा ने कहा—''सब मरद शुरू में ऐसा ही प्रेम जताते हैं। एक-आद बच्चा हुआ कि फिर खतम। फिर तो गाड़ी ढोई जाती है। तेरे जेठ भी ऐसे ही थे। मुझे तो परेशान कर दिया था। रो-रोकर घर में हलकान हुई जाती थी, पर मानते ही न थे।''

''तो ये ही अकेले ऐसे नहीं हैं?''

''अकेले? सब ऐसे ही होते हैं। नई औरत पर तो ऐसी जान देते हैं कि बयान नहीं।''

''तो मैं क्या करूँ?''

''मुझसे ही पूछती है?''

रत्ना समझी नहीं कहा—''फिर?''

''अरी चली जा चुपचाप।''

वह डरी। कहा, ''और जब वे लौटेंगे तो?''

''कहाँ गया है देवर?''

''बजार।''

''इस आँधी-पानी में बजार में क्या है?''

''भाभी कैसे कहूँ! शरम से गड़ी जाती हूँ।''

''क्यों?''

''आज कहीं से रुपए ले आए थे। बोले तेरे लिए एक अच्छी-सी चुन्दरी ले आऊँ।''

चम्पा हँसी। कहा, ''अरी यह मरद की जात ही ऐसी है। यह समझते हैं कि स्त्री तो गहने, कपड़े, खाने की भूखी होती है।''

"तो चली जाऊँ? अनन्ता बुलाने आया था, उसे तो उन्होंने लौटा दिया।"

"सफा जा। मैं तो कल जाऊँगी अब।"

"क्यों?"

"भइया आया लेने। वह अभी कुछ काम से एक दिन को ठहर गया है। पर एक बात है।"

"क्या?"

"तू जा तो रही है, पर कहीं मेरा नाम न आए।"

"कैसे?"

"कि मैंने तुझे भेज दिया।"

"आ जाए तो क्या है?"

"अरी, देवर तो मेरे उनसे कह देगा। तू नहीं जानती, यह मरद-मरद आपस में फौरन मिल जाते हैं।"

"अच्छा नहीं कहूँगी।" रत्ना ने कहा।

आकाश में घटाएँ टकराने लगीं। और सफेद रंग के पक्षी कलरव करते हुए घिराव देकर उड़ चले। नीली छाया पृथ्वी पर लोटने लगी। उन्निद्र वासना की घटा क्षितिज पर बोझिल होकर फैल गई। तुलसी का मन उस वातावरण को देख उच्छ्वसित हो उठा। वह अत्यन्त विह्वल हो उठा। घर की ओर चल पड़ा। कल्पना सजग थी। रत्ना के रूप को उसने मेघों के बीच में बिजली के समान चमकते देखा। वह अब घर जा रहा था।

रत्ना बैठी होगी। अकेली। आज वह रूठी हुई होगी। तुलसी जाकर उसको मनुहार से रिझाएगा। आज वह गाएगा। वह और मान करेगी, परन्तु अन्त में बाँध टूटेगा और जैसे महानदी महासमुद्र में जाकर गिरती है, ऐसे ही रत्ना उसकी भुजाओं में आ गिरेगी, फिर जल में जल मिल जाएगा और केवल आनन्द की आर्द्रता शेष रह जाएगी।

घर पहुँचकर तुलसी ने देखा द्वार खुला था। माथा ठनका।

पुकारा—रत्ना!

कोई उत्तर नहीं आया।

वह आँगन में बैठ गया। सोचा अभी आती होगी।

परन्तु वह नहीं आई।

कहाँ गई होगी?? इस समय!! कुएँ पर? पर घड़े तो यह रखे हैं।

तुलसी घबराने लगा। वह दौड़कर कुएँ पर गया। वहाँ पूछा, "रत्ना आई थी?"

चम्पा ने देखा तो हँसी। कहा, "लाला! भाग गई क्या?"

"क्या कहती है भाभी?"

"अरे तुम जैसे मरद ही लुगाई को चैन से नहीं रहने देते। सिर चढ़ाया है न तुमने उसे? भाग गई शायद!"

तुलसी आहत हुआ। सब स्त्रियाँ ठठाकर हँसीं।

"हाँ।" एक ने कहा : "कल वह कहती तो थी।"

"क्या?" तुलसी ने पूछा।

"मायके जाने की बात कहती थी।"

"मायका! मैंने मना किया था।"

"क्यों भला?"

"यहाँ मैं...मैं..."

परन्तु उसे कहने का अवसर नहीं मिला। स्त्रियाँ फिर खिलखिला कर हँस पड़ीं। तुलसी लौट चला।

घर आया परन्तु अब अँधेरा घना-सा हो चला था।

वह मायके गई है! कैसा भयानक काम कर दिया है उसने! किसी को साथ तो ले जाती भला? परन्तु उसके पिता यहाँ तो हैं नहीं। वे तो अपने गाँव गए हुए हैं। वह उनसे मिलने क्या तारपिता गई है। तारपिता! वह गाँव तो दूर है! जमुना किनारे है। रत्ना! अकेली!! इस सूनसान तूफान के कगारे पर लड़खड़ाती सांझ में मेरी रत्नावली! रत्ना अकेली गई है!!

किसने दिया उसे इतना अधिकार? कैसे उसकी इतनी हिम्मत पड़ सकी? जब जाने से स्वयं मैंने मना किया था! आखिर मेरी बात का कोई तो मूल्य था ही! संसार जानता है मैं उसका पति हूँ। परन्तु उसने इस कान से सुना उस कान से उस बात को निकाल दिया। उसने कोई परवाह नहीं की। उसने तो मेरी सत्ता को ही अस्वीकृत कर दिया। अरे! जैसे मैं कुछ हूँ ही नहीं!

आवेश व्याकुल करने लगा। विश्वास नहीं हुआ।

तुलसी ने पुकारा : रत्ना!! रत्ना हो!!!

सूने घर में शब्द टकराया। गूँज उठा।

"रत्ना! रत्ना हो!" तुलसी ने फिर पुकारा।

फिर प्रतिध्वनि उठी।

तुलसी भीतर घुस गया। एक-एक वस्तु उठा-उठाकर फेंकने लगा। नहीं। किसी में भी रत्ना नहीं है।

आकाश में मेघ घमण्ड से गरज उठा। तुलसी का मन प्रियाहीन आज डरने लगा।

बाहर आकाश के पनघट पर जैसे अप्सराओं के कंकण बजकर चमके, और उनके

घड़ों से कुछ जल छितरा गया और फुहार-सी झर उठी।

"आ जा रत्ना!" तुलसी ने मनुहार की—"तू मेरी सर्वस्व है, तेरे बिना मैं नहीं रह सकूँगा।"

अंधेरा गरजा : ऊंगा, ऊंगा!

तुलसी चकित हो गया।

ऐसा लगा जैसे सब कुछ बड़ा निर्मम था। अन्धकार भीम होकर डराने लगा। वायु सनसनाती हुई आकर आँगन के द्वारों को झुला-सी गई और खटाखट करके वे बन्द होकर फिर खुल गए।

वज्रनाद हुआ। तुलसी ने कान बन्द कर लिए। परन्तु अब हृदय में दूसरा भाव जागने लगा। नया आवेश था, नई स्फूर्ति मचलने लगी थी।

"रत्ना!" वह दांत भींचकर फुसफुसाया—"तू मेरी है, तू मेरी स्त्री है। मैं तुझे नहीं जाने दूँगा। मैं तुझे नहीं जाने दूँगा। तुझे मेरे पास ही रहना होगा।"

तुलसी भाग चला।

नदी अब आलोड़ित-विलोड़ित होने लगी थी।

तुलसी ने कहा : "मांझी! पार चलना है।"

"नहीं पण्डित, तूफान आने वाला है।"

"मैं तुझे दुगनी मजूरी दूँगा।"

"दूसरी ज़िन्दगी तो न दोगे?"

तुलसी निराश होने लगा। क्या करे?

दूर हल्की-सी रोशनी में नाव चली जा रही है। पूछा उस नाव पर कौन-कौन था!

माँझी ने कहा : कौन नहीं था? कई थे!

"कोई औरत थी?"

"थीं तो। कई थीं।"

तब! तब तो रत्ना ही होगी।

सोचने का समय ही कहाँ था!

तुलसी हार जाएगा?

नहीं, वह नहीं जाने देगा उसे। नहीं जाने देगा उसे।

माँझी चिल्लाया : क्या करते हो? तूफान टूटने वाला है। मर जाओगे।

परन्तु वह चिल्लाता ही रह गया।

तुलसी उन्मत्त-सा उन्मत्त नदी में कूद पड़ा था। लहर निगलने को उठी। माँझी ने देखा वह पानी में खो गया था। फिर भीष्म प्रयत्न करके तुलसी पानी के ऊपर आ गया। आँधी चिल्लाई, लगा रत्ना पुकार रही थी। अन्त नील व्योम से लेकर ऊभ-चूभ करने वाली

पागल लहरें एक ही रूप से परिव्याप्त हो गई थीं, वह रूप रत्ना का अनिंद्य सौन्दर्य था। आकाश में बिजली चमकी मानो रत्ना मुसकरा दी।

तुलसी ने हाथ फैला दिए और चिल्लाया : रत्ना हो : रत्ना!

और तभी उसके हाथों से कुछ टकराया। उसने उसे एक हाथ से पकड़ लिया। सहारा मिल गया। और दूसरे हाथ के सहारे से तैरता हुआ वह शीघ्र ही माँझी की दृष्टि से ओझल हो गया। फिर घना-सा अन्धकार उसे लहरों में उठा-उठाकर पटकने लगा। परन्तु आँखों में वही आवेश था, वही घोर वासना उसे मदमत्त बनाए दे रही थी, वह आज अपने-आपको भूल गया था...वह वासना त्रिभुवन में से संकुचित होकर मानो आज तुलसी में गरजने लगी थी...

बड़ी वाली नाव में एक क्षीण-सा स्वर सुनाई दिया : रत्ना हो! रत्ना! रत्ना चौंक उठी।

फिर सुनाई दिया : रत्ना हो! रत्ना!

रत्ना आतंकित हो उठी।

''कौन पुकार रहा है?'' बूढ़े मांझी ने कहा।

''नाव संभालो!!'' जवान मांझी चिल्लाया।

''नाव डगमगा गई। पानी उछल रहा था। आकाश में बिजली कड़क रही थी और वक्ष पर घूंसा-सा मार उठती थी। लहरें नाव से टकराईं। पानी छितर गया। रत्ना ने झुककर देखा। कहा : नाव धीमी करो। मुझे शायद वे ही पुकार रहे हैं।

स्वर आया : रत्ना! हो रत्ना!

''रोक दो नाव, रोक दो,'' रत्ना व्याकुल स्वर में चिल्लाई। यात्रियों ने उसे पकड़ लिया।

मांझी चिल्लाया : ''नाव रोक दें! क्यों? तूफान टूटने वाला है। जल्दी से जल्दी पार उतरना है।''

''मगर वे मुझे बुला रहे हैं।''

''अरे एक के लिए क्या सबकी जान जोखों में डाल दें?''

''जोर से खेओ। पाल खोल दो।'' बूढ़ा चिल्लाया।

पाल खुल गए। नाव लहरों पर झटके खाने लगी। कभी-कभी पानी छितराकर नाव के भीतर भी आ जाता और सब डांवाडोल हो उठते!

तूफान ने ठहाका लगाया। पुकार आई, ''रत्ना हो! रत्ना!''

रत्ना का मन थर्रा गया।

यह आवाज़ तो लहरों में से आ रही है!

भयानक! तूफान की अगवानी में लहरें भयानक नाद से नगाड़े बजाने लगी थीं। विनाश के झंडे की तरह आँधी फुंकारती हुई खुल गई थी। रत्ना का दिल बल्लियों उछलने

लगा। उसने ज़ोर लगाकर अपने को छुड़ाते हुए पुकारा : मुझे छोड़ दो, मुझे छोड़ दो। तुम नहीं रोक सकते, तो मुझे जाने दो।

"पागल हो गई है लड़की?" एक यात्री ने कहा।

उन्होंने उसे पकड़कर बिठा लिया।

नाव फिर झटके खाने लगी । अचानक माँझी कूद पड़ा। नाव किनारे पर खिंच गई।

वे सब उतर पड़े।

उस समय हठात् सब के मुँह खुले रह गए। भीम लहर ने तुलसी को किनारे पर फेंक दिया वह व्याकुल-सा। "रत्ना। मेरी रत्ना।" कहकर रत्ना से जाकर चिट गया।

रत्ना रो पड़ी।

एक बूढ़ी ने कहा, "अरे सत्यानाश हो गया।"

"कलियुग है, महान कलियुग है।"

यात्री बात करने लगे।

"क्यों, क्या हुआ?"

"जानते हो यह किस तरह आया है?"

"मैं देखूँ क्या बात है?"

"यह तो लाश पर चढ़कर आया है।"

"लाश!!!"

रत्ना छिटककर खड़ी हो गई।

यात्री बात करते रहे : "लुगाई ने अंधा कर दिया है इसे।"

"अरे यह बामन तो बड़ा कामी है।"

"राक्षस है राक्षस!"

"लाश पर चढ़कर आया है!"

"इसे डर नहीं लगा?"

"डर! वह तो विलासी है।"

"धिक्कार है!"

"लुगाई भी बड़ी कुलटा है।"

"भई हद्द हो गई।"

तुलसी आतंकित-सा खड़ा था। रत्ना उसे घोर क्रोध से देख रही थी, जैसे आँखों से भस्म कर देगी।

फिर यात्रियों में तानेबाज़ी शुरू हुई।

"एक दिन नहीं रहा गया इससे।"

"तभी तो घबराकर भाग रही थी।"

"इनसे तो जानवर अच्छे।"

"और ज़रा लाज नहीं।"

"थू है।" किसी ने थूका।

रत्ना ने एक बार दाँत पीसे और कहा, "धिक्कार है तुम्हें!"

तुलसी घबरा गया। रत्ना के शब्द सुनाई दिए : तुमने मेरे हाड़-चाम से इतना प्रेम किया, इतने अन्धे हो गए। अगर इससे आधा भी भगवान से किया होता तो जन्म-जन्मांतर के पाप धुल गए होते।

वह अंधेरे में ही पाँव पटककर चली गई। लोगों ने विद्रूप से अट्टहास किया।

तुलसी ने सुना और वहीं सिर पकड़कर बैठ गया।

आकाश में वज्र ठनका। दिशांतों तक जैसे अपमान की विभीषिका प्रतिध्वनित हो उठी!

यात्री फिर हँस उठे।

कामी!

विलासी!!

पशु!!!

राक्षस!!!

तुलसी को लगा यह धरती फट जाए तो वह उसमें वहीं समा जाए। किसी को भी अपना मुख नहीं दिखाए। उसने नारी को केवल भोग समझा। क्यों, वह इतना अन्धा किस तरह हो गया?

यात्री चले गए थे।

तुलसी अकेला बैठा था।

उस समय मानो कोई हंसा। वह नरहरि गुरुदेव थे। उन्होंने मानो हाथ की तर्जनी उठाकर, भौंहें चढ़ाकर विकराल क्रोध से कहा : नीच! कुत्तों के साथ पलने वाले भिखारी! तू इसी योग्य था कि तू पथों पर टुकड़ने माँग-माँगकर खाता, द्वार-द्वार गिड़गिड़ाता फिरता। तूने ब्राह्मण-गौरव को खण्डित कर दिया। क्या इसीलिए मैंने तुझे पाल-पोसकर बड़ा किया था।

उस समय मानो आचार्य शेष सनातन ने वेदघोष करना छोड़ दिया और आसन उलटकर आग्नेय नेत्रों से देखते हुए गरज उठे : कुलांगार! अधम! तू पतित है। तू जघन्य है। तूने नारी को ही अपना अन्तिम ध्येय मान लिया! तूने उससे, अचिरवती से इतना विलासी प्रेम किया! तू लाश पर चढ़कर चला आया और तुझे अपनी नीच वासना में यह ज्ञान भी नहीं रहा।

तूफान धकधकाता हुआ गरजा। आकाश में बादलों के स्याह धुएँ में बिजली एक पतली लपट की तरह कांपी और फिर जल धरती पर सहस्रफन महानाग की भांति विष-सा उगलने लगा।

तुलसी का सिर फटने लगा।

उसे चारों ओर सर्वनाश दिखाई दिया। वहाँ घोर यातना थी और ग्लानि के आरे से उसके मन को उसका अहं अब धीरे-धीरे काटने लगा धीरे-धीरे उसमें से लहू बहने लगा।

वह लज्जा से जल में कूद गया।

क्या करेगा वह जीकर?

वह आत्महत्या करेगा।

किन्तु मानो लहरें गरजीं, 'नहीं! नहीं!! तू पापी है। तुझे पचा लेने की शक्ति महासमुद्र में भी नहीं है।''

उसे तरंगों ने फिर किनारे पर उठाकर फेंक दिया।

शेष सनातन चिल्लाए : कायर! ओ ब्राह्मणों के अपमान! तू जीवित भी तो मर गया है!

''तू सड़ रहा है! पापों के नासूर ही तेरे शरीर में मवाद बनकर भर गए हैं।'' गुरुदेव नरहर्य्यानन्द ने फूत्कार किया।

तुलसी फिर सिर पकड़कर बैठ गया।

आँधी चलती रही। तुलसी पड़ा-पड़ा रोता रहा। फिर बादलों का गर्जन बहुत बढ़ गया। मूसलाधार वर्षा होने लगी। अत्यन्त कर्कश निनाद करके बिजली गिरी और फिर हुमस-सी खींचकर सब कुछ शान्त हो गया। तुलसी उठा। उसने उस समय घुटनों के बल बैठकर आकाश की ओर हाथ उठाकर पुकारा : प्रभु! मुझे क्षमा करो। जीवनपर्य्यन्त मैं इस पाप का प्रायश्चित करूँगा। मुझे क्षमा करो। मैं नराधम हूँ। परन्तु अजामिल भी पापी था, गणिका भी पापिन थी, मुझे भी अपने चरणों पर पड़ा रहने दो!! मुझे भी द्वार पर पड़ा रहने दो प्रभु!

नरहर्य्यानन्द ने मानो कहा : उठ! फिर जीवन प्रारम्भ कर। फिर से उठ। पवित्र होकर चल। और कर्त्तव्य कर।

शेष सनातन मुसकराए। कहा : धर्म के लिए अपने को खो दे। तू पापी है। यही तेरे उद्धार का मार्ग है।

''यही होगा प्रभु!! यही होगा!'' तुलसी आर्त्त स्वर से पुकार उठा और उसने साष्टांग दण्डवत की।

तुलसी व्याकुल हो उठे।

आज भी वह दृश्य याद आते ही रोम-राम कंटकित हो गया। आग सी जलने लगी।

पाप!! घोर पाप था वह!!!

मनुष्य का पशुत्व! उसका पतन!! कितना घृणित था वह सब! तुलसी ने ही किया

था!! कैसे आ गया था उसमें इतना ममत्व!! कैसे भूल सका था वह अपने-आपको!!

क्या था रत्ना में ऐसा?

परन्तु यह प्रश्न तो मन में आज उठ रहा है। उस समय रत्ना के अतिरिक्त और कुछ क्यों नहीं सूझता था? क्यों कर वह पागल यौवन खड्ग की धार पर अपने पवित्र जीवन का सर्वनाश करने को चल पड़ा था! ठीक ही है। जिसमें शक्ति है वही आवेश की सीमा प्राप्त कर सकता है। जिसमें ऊँचाई है वही गहरी छाया भी डाल सकता है।

''नहीं, नहीं।'' महाकवि बुदबुदा उठे। आज क्या वे फिर पाप की बात सोच रहे हैं?

अरे पाप!

तू अभी तक जीवित है? अरे काम! तू मनुष्य की मृत्यु शय्या पर भी अपना प्रभुत्व दिखाने की सामर्थ्य रखता है?

''प्रभु!'' महाकवि चौंककर चिल्ला उठे—मैं पातकी हूँ, मैं पापी हूँ। मेरे सारे जीवन में मेरा हृदय शुद्ध नहीं हुआ। वासनाओं की मलीनता मेरे हृदय पर छाई रही, जिसके कारण मैं शुद्ध दर्पण जैसे मानव-जीवन में तुम्हारी पवित्र प्रतिकृति को आज तक नहीं देख सका। क्षमा करो राम! मेरे स्वामी! मैं अपने ही अहंकार में डूबा रहा। मैंने जगत के अनेक व्यापारों के जंजालों में अपने को फँसाए रखा और नारी की काया में मैंने अपने को बंदी बना लिया। मैं उस रक्त-माँस की ढेरी में अनन्त सुखों को खोजता हुआ मृगमरीचिका में हाँफता हुआ भागता रहा। एक दिन भी यह नहीं समझ सका कि इस लघुता के पार एक विशाल आकाश है जिसमें आनन्द का देदीप्यमान सूर्य अपना भव्य आलोक त्रिभुवन में विकीर्ण किया करता है!

किसलिए भूला रहा यह हृदय! अपनी ही चंचलता के कारण यह कभी शीत कभी उत्तप्त होता हुआ विमूर्च्छित-सा जन्मांतर के गह्वरों में पड़े वायु के झकोरों के समान चिल्लाता हुआ सिर पटकता रहा।

राम-नाम की पवित्र मणि मुझ विषधर के अन्दर मुझसे अल्पित होकर चमकती रही। मैं उसके आलोक को देखकर चमत्कृत तो हुआ किन्तु उसे अपने रोम-रोम में भरकर अपने विष को नष्ट नहीं कर सका।

राघव! तुम्हारी करुण दृष्टि मुझ पर अभी तक क्यों नहीं हुई? तुम तो चराचर के स्वामी हो! करुणानिधान तुम्हारी दया अनन्त क्षीर सिन्धुओं से भी गहन और गम्भीर है।

मुझे स्वर्ग नहीं चाहिए, मुझे वैकुण्ठ नहीं चाहिए, मैं श्मशान की धूलि में मिलना चाहता हूँ, क्योंकि मैं पापी हूँ। किन्तु प्रभु! तुमने अजामिल जैसे पातकी का उद्धार किया था, तुमने गणिका को पवित्र कर दिया था। क्या इस तुलसीदास की रक्षा नहीं करोगे प्रभु!

भाग्य का सदैव से हीन रहा हूँ और जीवन में सुख की व्यर्थ ही खोज करता रहा हूँ। न जाने कितनी बार यह हृदय चकनाचूर हो चुका है। जब जीवन से निराश हो-होकर मृत्यु की कामना की थी, तब भी यही सोचा था कि नहीं; इस दारुण यातना के ऊपर

एक सत्य और है। वही लोक का कल्याण है। कौन जानता है, कौन चिन्ता करता है? व्यक्ति की सत्ता का आधार प्रभु के अतिरिक्त और कहाँ है!

नारायण और मलूक भीतर आ गए।

मलूक ने पुकारा : गुरुदेव!

"गुरुदेव!" नारायण ने आर्द्र स्वर से आवाज दी।

"कौन?" तुलसीदास चौंठ उठे!

"मैं हूँ गुरुदेव!" मलूक ने कहा।

महाकवि ने कहा : "मलूक!!"

"गुरुदेव!!"

"मेरे पास आ वत्स!"

वह पास आ गया।

"वस्त! मैं महापापी हूँ।"

"गुरुदेव! यदि आप पापी हैं तो हम लोग फिर क्या हैं?"

"तुम पापी नहीं हो बेटा! पापी तुलसीदास है!"

"ऐसा न कहें गुरुदेव!"

"तू नहीं जानता वत्स!"

"मुझसे कहें प्रभु!"

"तुझसे कहूँगा बेटा! अवश्य कहूँगा। अपने पाप को मैं छिपाऊँगा नहीं। मेरा पाप जानता है?"

"नहीं बाबा!"

"मैं राम को भूल गया था बेटा!"

मलूक चुप रहा।

"लेकिन राम मुझे नहीं भूले।"

मलूक ने आश्चर्य से देखा। महाकवि के मुख पर एक असीम तन्मयता थी। उन्होंने कहा : बेटा।!

"गुरुदेव!!

वह गा! अञ्जनीकुमार की स्तुति गा। पाप दूर होगा। रामभक्त तो राम से भी बड़ा है वत्स! मुझे उन्नद्ध स्वर में सुना।

मलूक गाने लगा :

जयति अंजनी-गर्भ अंभोधि संभूत-बिधु,
बिबुध कुल-करवानन्दकारी
केसरी-चारु-लोचन-चकोरक-सुखद,
लोकगन-सोक सन्तापहारी

गीत समाप्त हुआ। महाकवि प्रसन्न हो उठे। बोले : धन्य है तू मलूक! तेरा स्वर

कितना अच्छा है!

''अब तबीयत ठीक है?'' मलूक ने पूछा।

''हल्की है वत्स! मैं उद्विग्न हो गया था।''

''क्यों गुरुदेव?''

''मेरी वासना का अतीत मुझे याद आ गया था। उसकी दारुण लज्जा मुझे रुलाने लगी थी। परन्तु राजा राम की दया असीम है। वह बाढ़ अब रुक गई है।''

मलूक नहीं जानता था। नारायण बाहर चला गया। मलूक चुप था।

नारायण ने पुकारा : मलूक!

मलूक बाहर गया।

''क्या है?'' उसने पूछा।

''तुम गुरुदेव को विश्राम क्यों नहीं करने देते?''

''मैं क्या करूँ! वे गाने को कहते है।।''

''आज वे मुझे बहुत विचलित-से हो उठते लगते हैं।''

''यही मैं भी देख रहा हूँ।''

''क्या बात है?''

''पता नहीं। पर कहते थे पुरानी बातें याद आ रही हैं।''

''तो...'' वह कह नहीं सका। रोने लगा।

''कौन रोता है?'' महाकवि का स्वर सुनाई दिया।

''कोई नहीं।'' मूलक ने कहा।

''नहीं बेटा, सच कह।''

''नारायण है गुरुदेव!''

''उसे मेरे पास ले आ।''

दोनों गए। बैठे।

''तू क्यों रोया नारायण?''

''क्यों? राम के रहते तुझे डर लगता है?'' कवि ने कहा–''मुझे वचन दो। तुम दोनों वचन दो। प्रभु से ही जीवनपर्यंत आस लगाए रहोगे। और किसी के भी सामने नहीं झुकोगे। वेद मार्ग पर चलने वाले सन्तों की सेवा करोगे। मुझे वचन दो बेटा!''

दोनों ने वचन दिया।

''भगवान!'' तुलसीदास ने बुड़बुड़ाकर कहा–''इनकी रक्षा करना। कलि से इनकी रक्षा करना!''

कुछ देर बाद दोनों बाहर चले गए। महाकवि चुपचाप ध्यान करते रहे। फिर उन्हें याद आने लगा।

तुलसीदास के सामने संसार शून्य की भांति फैल गया। कोई सहारा नहीं रहा।

मन करता रत्ना के पास लौट जाएँ। पर फिर अहं कहता नहीं, नहीं। वह अभिमानिनी स्त्री है। उसने तेरे प्रेम का अपमान किया है। दूसरा विचार आता है। वह स्त्री है। माया है। कवि! तू कहाँ जाने की सोचता है? राम से ध्यान न लगाकर तूने एक स्त्री पर जीवन न्यौछावर कर दिया?

धिक्कार है, तुझे धिक्कार है।

फिर कहाँ जाना है?

तुलसी! महाजनों के पथ पर चल। जीवन को नष्ट मत कर।

राम का सहारा ले। वहीं तेरा उद्धार करेगा। वही दीनों और अनाथों का रक्षक है। एकमात्र रक्षक है।

संयम प्रारम्भ हो गया।

''यात्री कहा जाओगे?''

''मुझे नहीं मालूम।''

''घर कहाँ है?''

''कहीं नहीं है।''

''गिरस्ती हो?''

''नहीं।''

''तो फिर तुम्हारा कोई नहीं है?''

''राम ही मेरा एकमात्र सहारा है।''

''बैठ जाओ। कुछ खाओंगे?''

''नहीं।''

''भूख लगी है?''

''हाँ।''

''तो फिर खाते क्यों नहीं?''

भीतर जाकर वह आदमी परांठे ले आया।

''लो खाओ।''

तुलसी खाने लगा। कुछ देर बाद एक आदमी आया। पुकारा ''पंडित सालिगराम हैं?''

''हैं भई! आ जाओ। अरे मनोहरदास! तुम हो?''

''हाँ।''

''कहाँ चले गए थे?''

''तारिपता गाँव गया था।''

"क्यों?"

"वहाँ मेरे दूर के संबंधी रहते हैं।" उसने एक लम्बी सांस ली और कहा, "क्या कहें! यह संसार भी बड़ा विचित्र है।"

"क्यों क्या हुआ?"

"बात यह है कि वहाँ मेरे एक मित्र थे। उनका राजापुर में कुछ दिन पहले रहना शुरू हो गया था। वहाँ उन्होंने अपनी बेटी का एक होनहार ब्राह्मण से ब्याह कर दिया था। फिर वे अपने गाँव लौट आए थे।"

"हूँ।"

"बस उसके बाद एक दिन पति-पत्नी में झगड़ा हो गया। स्त्री बाप के घर आ गई। दामाद कहीं चला गया। अब पाँच बरस बाद वह लड़की रत्ना भी रो-रोकर घुल-घुलकर मर गई।"

तुलसी का खाना बन्द हो गया।

"तुम खाते क्यों नहीं?" सालिगराम ने कहा, फिर जैसे मनोहरदास से परिचय कराया—"एक अतिथि हैं। मैं ले आया संग। वैराग्य-सा हो गया है इन्हें, ऐसा लगता है।" फिर तुलसी से कहा—"अरे मरना-जीना तो इस दुनिया में लगा ही रहता है। तुम क्यों दुःख करते हो? क्या तुम उसे जानते थे?"

"नहीं, नहीं।" तुलसी ने कहा और जबर्दस्ती खाने की कोशिश करने लगा, पर कौर गले के नीचे नहीं उतर रहा था।

"हाँ जी!" सालिगराम ने कहा : "फिर?"

"फिर की न पूछो सालिगराम जी!" मनोहरदास ने कहा, "रत्ना कविता बनाती। बड़ी चतुर रमणी थी। बड़ी सुन्दर थी और परम साध्वी थी।"

"क्यों नहीं? क्यों नहीं?"

"देखो भला। पति छोड़ गया तो कहने लगी—वे चले गए, पर वे तो अब संसार में ऊँचे उठ जाएँगे। एक न एक दिन वे ज़रूर बड़ महान बनेंगे!"

"हाँ??"

"क्यों नहीं। उसका पति कवि था। कहती थी, मैंने ही अपने पाँव में अपने-आप कुल्हाड़ी मार कली। वे बड़े कोमल हृदय के थे। परन्तु मेरी बात सह नहीं सके। बात यह थी कि वह काम से अन्धा हो गया था। रत्ना इसे सह नहीं पाई कि उसका पति उसके कारण अपना रास्ता छोड़ दे।"

"अरे तुम क्यों नहीं खाते?" मनोहरदास ने फिर टोका।

तुलसी बैठा शून्य दृष्टि से आकाश की ओर देख रहा था। दोनों ने एक-दूसरे की ओर देखकर सिर हिलाया।

मनोहरदास ने कहा, "यह दुनिया भी बड़ी अजीब है।

"हाँ ऽऽऽऽ..." सालिगराम ने लम्बी तान खींचकर कहा।

हठात् तुलसी ने कहा, ''मैं जाऊँगा।''

''कहाँ?'' सालिगराम चौंका।

''फिर अपनी यात्रा पर।''

''अब कहाँ जाओगे?''

''मैं नहीं जानता।''

''तो कल जाओ न?''

''नहीं, मुझे राम बुला रहे हैं।''

वह दोनों चौंके।

''एक बात बता सकते हैं आप?'' तुलसी ने मनोहरदास की ओर देखकर पूछा।

''क्या?''

''परिव्राजक को श्राद्ध करना होता है।?''

''क्यों नहीं!''

''तो फिर मैं जाऊँगा। मुझे श्राद्ध करना है।''

''किसका?''

''मेरी एक रिश्तेदार लगती थी। वह मर गई है।''

''तो चित्रकूट पास ही है, वहाँ चले जाओ।''

''चित्रकूट? मैं वहीं जाऊँगा।'' तुलसी ने कहा, ''मैं भूल गया था। बरसों से भटक रहा था, परन्तु अब फिर मुझे रास्ता मिल गया है। मुझे आगे बढ़ना है, आगे बढ़ना है।''

''और आगे? तो चारों धाम की सैर कर लेना। बड़ा आनन्द रहेगा।''

''आनन्द!'' तुलसी ने धीरे से कहा, ''वह आएगा, वह आएगा। कर्त्तव्य ही सबसे बड़ा आनन्द है।''

चित्रकूट के घाट पर तुलसी बैठा था। वह पत्नी का श्राद्ध कर चुका था। तो सचमुच रत्ना चली गई थी। और इतने दिन तुलसी ने क्या किया था? कुछ नहीं। केवल भटकता रहा। वह रामनाम भी ठीक से नहीं ले सका। मन ही वासनाएँ रुलाती रहीं। एक प्रकार की भ्रान्ति मन में भरती रही। परन्तु अब? अब रत्ना नहीं रही। क्या उसकी अन्तिम इच्छा पूर्ण नहीं होगी?

घाट पर एक व्यक्ति आ बैठा। उसके चारों ओर कुछ शूद्र आ बैठे। एक ने कहा : महाराज! आप कुछ समझाएँ।

वह व्यक्ति जाने क्या-क्या उपदेश देता रहा! जब वह स्वर उठाकर बोलने लगा, तुलसी चौंका। कौन? आज चित्रकूट जैसे पवित्र स्थल में शूद्र उपदेश दे रहा है?

तुलसी उठा। कहा : तुम कौन हो? क्या तुमको उपदेश देने का अधिकार है?

उस व्यक्ति ने गर्व से कहा : क्यों नहीं है?

"तुम ब्राह्मण हो?"

"ब्राह्मण!" उस व्यक्ति ने कहा : "जो ब्रह्म को जानता है वही ब्राह्मण है। समझे?"

उसकी आँखें क्रोध से लाल-लाल सी दिखाई दे रही थीं। तुलसीदास चुप हो गया।

वह सोचने लगा।

तुलसी! यह क्या हो रहा है? यहाँ इतना अनाचार फैला हुआ है और तू अपने व्यक्तिगत सुख-दुःख में डूबा हुआ है?"

सोचते-सोचते तुलसी वहीं लेट गया। उसने स्वप्न देखा। तुलसीदास बैठा चन्दन घिस रहा है। घाट पर वेद मार्ग पर चलने वाले संतों की भीड़ हो रही है। उस समय हनुमान आते हैं और तुलसीदास के सामने मुसकराते हैं। दो बालक आते हैं। बड़ा बालक तुलसीदास के माथे पर चन्दन लगाता है। दोनों बालक चले जाते हैं हनुमान हँसते हैं। और कहते हैं–

चित्रकूट के घाट पर
भई सन्तन की भीर
तुलसीदास चन्दन घिसैं
तिलक देत रघुवीर।

मोह टूट जाता है। तुलसी बिलख-बिलखकर रो उठता है। हाय रघुवीर! तुम आए और चले भी गए। मैं नहीं चेत सका।

"अलख निरंजन!" कठोर स्वर गूँज उठा।

तुलसी की आँख खुल गई।

"क्यों रोता है बच्चा!" एक जोगी ने कहा–"तू क्यों रोता है?"

तुलसी ने देखा जोगी भांग-सुलफे के नशे में धुत्त था।

तुलसी बैठ गया।

"अरे बोलता नहीं?" जोगी ने कहा–"गोरखनाथ बाबा का स्मरण कर। सब जंजाल जाल कट जाएगा। भवसागर सब पट जाएगा।"

तुलसी को घृणा हुई। वह जोगी बक रहा था। तुलसी उठ खड़ा हुआ और चल पड़ा।

कुछ देर बाद वह श्मशान के पास पहुँचा। वहाँ कई किसान किसी लाश को फूंकने आए थे। गाँववालों में बातें हो रही थीं।

एक कह रहा था : "क्या करें? कर और बढ़ गया है।"

"क्या कहता है तू? बाल-बच्चों के गले घोंटकर मार दें?"

"मार दे, किसे परवाह है!"

"पर ऐसा अन्याय तो पहले कभी नहीं हुआ था। हम तो समझे थे राजा टोडरमल के नाप के बाद सब चैन हो जाएगा मगर यहाँ तो आए दिन इन ओहदेदारों के हुक्म बढ़ते ही चले जा रहे हैं।"

''कोई राजा ऐसा है ही नहीं। फिर मुगलों का सूरज तो चढ़ ही रहा है।''

''अरे सूरी मर गया है, तभी न? हुंमायूं तो काबुल छोड़कर भाग गया था।

''हाँ-हाँ, तब राणा सांगा भी तो थे।''

''अब महाराणा प्रताप भी तो है?''

तुलसी चौंका। वह तो भूल ही गया था। परिस्थिति की गम्भीरता समझ में आई। ऐसी मशहूर बातें हैं कि मामूली गाँव वाले तक जान गए हैं? परन्तु तुलसी ने किसी पर ध्यान नहीं दिया! रत्ना इसी को तो नहीं चाहती थी।

गुरु नरहर्य्यानन्द महाराज कितनी बातें नहीं समझाते थे! तुलसी सिहर उठा। उसमें एक कुलबुलाहट पैदा हुई। वह एक नया जीवन चाह रहा था।

गाँव वाले लौट चले।

तुलसी कुछ दूर पर चलने लगा।

एक ने कहा : तुम कौन हो महाराज?

''ब्राह्मण हूँ।''

''कौन से ब्राह्मण हो?''

''सरयूपारीण।''

''तो ठीक है।''

''क्यों?''

''बात यह है महाराज! आजकल जिसके जो मन में आता है, वही हो जाता है। हमारे यहाँ के नाई भी न्यायी ब्राह्मण हो गए हैं।''

''तुम रोकते नहीं?''

''हम क्या रोकेंगे? राजा चाहे तो भले रोक लें; पर राजा परदेसी है, मुसलमान है, उसे क्या पड़ी! वह तो अपने पैसे से काम रखता है। मौका पड़ते ही लोगों को मुसलमान बना लिया जाता है।''

तुलसी को झटका-सा लगा।

उसने कहा : कलि आ गया है?

''कलि! यहाँ कोई धंधा ही नहीं रहा।''

''क्यों?''

''फसल होती है कि लूट होती है, राज है, बौहरा है।''

''पर राज्य तो धनी है।''

''लूट से कौन धनी नहीं हो जाता!''

''प्रजा राजा को अपना मानती है। मान लो कि तुमने अपना कोई राजा बना लिया, तो यह अधिकार तो नहीं है कि बाकी सबको वह बिना अपराध के कुचल दे।''

ग्रामीण चिंतित हो गए।

''इस सबका कारण क्या है?'' तुलसी ने पूछा।

"चोरियाँ बढ़ गई हैं।"

"और राजा ध्यान नहीं देता। यही न?"

"हाँ जी!"

"तो तुम अपने-अपने हाथ-पाँव ठीक करो तो सबकी सारी समस्या हल हो जाए।"

"वह क्या?"

तुलसी ने कहा : "तुम भूल गए हो कि तुम किनकी सन्तान हो। तुम पवित्र हो, हिन्दू मात्र एक ही है।"

"पर हिन्दू तो आपस में लड़ते हैं!!"

"उनको एक होना पड़ेगा।"

"कैसे होगा वह?"

"राम की भक्ति के बिना कुछ नहीं हो सकता। विश्वास रखो। मनुष्य से भी ऊपर एक शक्ति है। उसे जानते हो?"

"क्या महाराज?"

"धर्माश्रम और आचार ठीक रखना ही। कोई भले ही जोगी और मुसलमान स्वीकार कर ले, पर उनके भीतर से एक घृणा ही निकलती रहती है! सारा देश ही भूखा मर रहा है।"

तुलसी की बात सुनकर दो ब्राह्मण युवक बाहर आ गए। एक मलूक था, एक नारायण! उन्होंने तुलसी की ओर पग बढ़ाया और श्रद्धा से प्रणाम किया। बोले : महाराज आप हमारे साथ काशी चलिए।

"एक बार अवश्य चलें।" दूसरे ने कहा–"गुसाईं जी का अन्तिम समय आ गया है।"

तुलसी ने सोचकर कहा : चलो।

वे सब फिर चलने लगे।

तुलसी काशी में गुसाईं हो गया था। यहाँ उसका आदर होता। भोजन की सुविधा हो गई। वह पठन-पाठन में तल्लीन रहने लगा। किन्तु पांडित्य पीछा नहीं छोड़ता था। लोग सुख-दुःख की समस्याओं के हल लेकर आने लगे।

तुलसी ने रामाज्ञाप्रश्न बनाया।

प्रश्न देखने के लिए लोगों ने उसे धीरे-धीरे अपना लिया।

किन्तु क्या वह तुलसी के मन को सन्तोष दे सका? नहीं।

धर्म के लिए उसने क्या किया? वह तो अन्य धर्मगुरुओं की भांति पेट-पालन में लगा हुआ था। देश के लिए उद्धार की आवश्यकता थी। तुलसी नीति के दोहे बनाने लगा। उनसे वह उपदेश करता। राम के प्रति जो भक्ति थी, वह दोहों के स्फुट रूप में

फूट-फूटकर आकार धारण करने लगी।

दार्शनिक चिन्तन करने लगा। सगुण और निर्गुण की समस्या जटिलता धारण कर रही थी। तुलसी ने तर्क छोड़ा और राम को ही संजीवन समझा।[1] निर्गुणियों को तुलसी ने राम का नाम जपने का उपदेश दिया।[2] देश का दैन्य, दारिद्र्य, विदेशी म्लेच्छों का अनाचार, देशी राजाओं का देशद्रोह और स्वार्थ, धर्म-गद्दियों पर बैठे लोगों का रूढ़ियों की आड़ में अपना पेट पालना, निर्गुण मार्ग और योग संप्रदायों द्वारा ब्राह्मणवाद का विरोध, नीच जातियों की उच्छृंखलता, ब्राह्मणों का और वेदों का निरादर, यह सब तुलसी को व्याकुल करने लगे। वह सोचता, किस प्रकार फिर से मुक्ति का रास्ता निकले?

ब्राह्मण श्रेष्ठ है किन्तु क्या शूद्र भगवान के नहीं हैं? नहीं, वे भी हिन्दू हैं। यदि अपने-अपने वर्णानुसार लोग कर्म करें तो अवश्य ही सब में संगठन हो सकेगा और पृथ्वी पर धर्म को पालने वाले राजा का शासन हो सकेगा। शवों और वैष्णवों के झगड़े उच्च वर्णों को निर्बल किया करते थे। तुलसी की समझ में यह व्यर्थ था। जो वेद को मानते हैं उन्हें आपस में लड़ने की ज़रूरत ही क्या है?

तुलसी उस विशाल मार्ग को देखता जिसपर शताब्दियों से संस्कृति अपने पगचिह्न छोड़ती चली आ रही थी। तुलसी चाहता था किसी प्रकार यह सब ऐसे उपस्थित हो जाएं कि सब लोग उसे आदरणीय समझ सकें, उससे परिचित हो सकें। ऋषियों की पवित्र वाणी फिर से प्रचारित हो सके।

तुलसी ने शूद्रों को उपदेश दिया कि ईश्वर तुम्हारा है। तुम्हें निश्चिन्त रहना चाहिए। म्लेच्छों के राज में यज्ञ-तप नहीं हो सकते। रूढ़ियाँ पनपती हैं। तो फिर नाम ही जपो। नाम ही बहुत है। नाम ही सब कुछ है।

किन्तु जनता इन उपदेशों से चेत नहीं सकी। यह नीरस वाक्चातुर्य प्राण नहीं फूंक सका।

तुलसीदास का मन भीतर ही भीतर व्याकुल रहने लगा।

---

1. हिम निर्गुन, नयनहिं सगुन
रसना नाम सुनाम,
मनहुँ पुए संपुट लसत,
तुलसी ललित ललाम।
सगुन ध्यान रुचि सरस नहिं,
निर्गुन मन ते दूरि,
तुलसी सुमिरहु राम को,
राम सजीवन मूरि।

2. हम लखि, लखहि हमार लखि
हम हमार के बीच
तुलसी अलखहिं का लखहिं?
राम नाम जपु नीच।

महाकवि सूरदास उस समय रुनकुते में छोटी-सी झोंपड़ी में पड़े-पड़े गाते थे। उन्हें गोसांईं विट्ठलनाथजी ने एक मन्दिर का पुजारी बना दिया था। सूर प्रातः से लेकर रात तक उस समय कृष्ण की जीवनचर्या के गीत गाया करते थे। उनका यश काशी पहुँचा उनके गीतों को सुनाकर भक्त लोग निर्गुणियों और जोगियों को चिढ़ाया करते थे। तुलसी ने भी उनके अमर गीत की एक नकल पढ़ी। मन को एक नया उजाला-सा मिला। यह व्यक्ति कौन था? सुनते थे वह अपने हाथ से आँखें फोड़कर अन्धा हो गया था। मन की वासनाएँ मिटाने के लिए। तुलसी को साहस हुआ। वह तैयार हो गया कि वृन्दावन जाकर भक्त सूरदास के दर्शन कर सके जो धर्म की स्थापना के लिए उठ खड़ा हुआ है। उसका गीत प्राचीन धर्म से सरस है। वेदों के गौरव की उसमें प्रतिध्वनि है।

तुलसीदास वृन्दावन चल पड़े। उन दिनों उन्होंने कृष्ण गीतावली और गीतावली के पद रचे।

केवल इतना ही याद रहा है। जब तुलसीदास सूर से मिले तो असीम आनन्द और श्रद्धा हुई। स्वामी विट्ठलनाथ से मिले तो प्रणाम किया। फिर वे कृष्ण का दर्शन करने गए। ललित रूप में कृष्ण की मनोहारिणी छवि बनी थी। तुलसी ने देखा।

मन ने कहा : तुलसी! यह विष्णु ही है न?

हाँ यह उन्हीं का अवतार है।

महाकवि सूर ने इन्हीं की लीला गाई है?

हाँ। इन्हीं की तो।

सूर के गीतों से वेद-विरोधी व्याकुल हो गए हैं न?

हाँ निश्चय।

परन्तु उससे नया जीवन अभी नहीं जागा।

क्या यही अन्त है?

नहीं। यह तो लीलारंजन है।

तुझे क्या चाहिए?

मुझे धर्म की रक्षा के लिए धनुष-बाण उठाने वाला चाहिए। वेद-विरोध केवल निम्न जातियों से नहीं आया, उसका आधार म्लेच्छों के शासन में है।

परन्तु ब्रह्म तो सबसे परे अव्यक्त है न?

है, परन्तु यह लोक उसी का है। इस लोक के लिए वह बार-बार अवतार लेकर आया है। और उसने रक्षा की है।

कृष्ण ने क्या नीचों का वध नहीं किया?

किया था, परन्तु कृष्ण के समय में बांधवों का युद्ध था। आज वह परिस्थिति नहीं है। आज तो रावण के राज्य का-सा हाल है। रावण ने जिस प्रकार यज्ञ, तप, धर्म, वेद

का नाश करके गौ, देवता और ब्राह्मणों का विनाश किया था, वैसे ही आज भी हो रहा है—आज वैसा ही पराक्रमी चाहिए। लोक के भगवान को भी लोकरंजन ही होना पड़ेगा। और हठात् तुलसी ने कृष्ण को हाथ जोड़कर कहा—

कहा कहौं छवि आपकी
भले बने हौ नाथ
तुलसी मस्तक तब नवै,
धनुष बान लेउ हाथ।

काशी लौटकर तुलसी को विश्राम नहीं मिला। उन्होंने गुसाईं का पद छोड़ दिया। जनेऊ उतार दिया। संन्यासी हो गए। वर्णाश्रम के अन्तिम आश्रम की मर्यादा को उन्होंने संभाल लिया। उस अवस्था में वह व्यक्ति वेद और धर्म, गौ-ब्राह्मण और देवताओं की वंदना करते हुए भी जात-पांत से दूर हो जाता है। वह मांगकर खाता है। यह ज़रूर है कि वह म्लेच्छों और नीच जातियों के हाथ का नहीं खाता-पीता। तुलसी ने अपने सारे व्यक्तिगत बंधन छोड़ दिए। और वे फिर यात्रा पर चल पड़े। गुसाईं जीवन का वैभव उन्हें नहीं रोक सका।

कवि ने गाया—

कृस गात ललात जो रोटिन को,
घर बात घरे[1] खुरपा खरिया
तिन सोने के मेरु से ढेरु लहे
मन तो न भरो घर पै भरिया
तुलसी दुख दूनो दसा दुहूँ देखि,
किया मुख हारिद को करिया
तजि आस जो दास रघुप्पति को
दसरत्थ को दानि दया-दरिया।

जोगियों के द्वारा जब खतरा हुआ कि वे तुलसी को मारेंगे, तब भी महाकवि विचलित नहीं हुए। उन्हें अपनी लगन थी। वे किसी से भी पराभूत नहीं थे। उन्होंने स्पष्ट कहा कि वे किसी की भी चिन्ता नहीं करते।

यात्रा चल रही थी।

कवि ने गाया—

को भरिहै हरि के रितये,
रितवै पुनि को हरि जो भरि है,

---

1. घर का सामान।

उथपै तेहि को जेहि राम थपै?
थपिहै तेहि को हरि जो टरि है?
तुलसी यह जानि हिये अपने
सपने नहिं कालहू ते डरि है
कुमया कछु हानि न औरन की
जो पै जानकीनाथ मया करि है।
व्याल कराल, महाविष पावक,
मत्तगयंदहु के रद तोरे
सांसति संक चली, डरपे हुते
किंकर, ते करनी मुख मोरे
नेकु बिषाद नहीं प्रहलादहिं,
कारन के हरि केवल हो रे
कौन की त्रास करै तुलसी
जो पै राखिहै राम तौ मारिहै को रे

तुलसी की मस्ती अब मुखर हुई। वह निर्द्वन्द्व हो उठे।

कृपा जिनकी कछु काज नहीं
न अकाज कछू जिनके मुख मोरे
करै तिनकी परवाहि ते जो
बिनु पूँछ विषान फिरैं दिन दौरे।
तुलसी जेहि के रघुनाथ से नाथ।
समर्थ सु सेवत रीझत थोरे।
कहा भव-भीर परी तेहि धौं
बिचरैं धरनी तिन सों तिन तोरे।[1]
कानन, भूधर, बार, बयारि,
महा विष, व्याधि, दवा अरि घेरे।
संकट कोटि जहाँ तुलसी,
सुत मातु पिता हित बन्धु न तेर
राखि हैं राम कृपालु तहौ,
हनुमान से सेवक हैं जेहि केरे।
नाक, रसातल, भूतल में,
रघुनायक एक सहायक मेरे।

महाकवि जब चित्रकूट पहुँचे तब उनका यश इधर-उधर लोगों में फैलने लगा था।

---

1. नाता तोड़े हुए।

परन्तु तुलसीदास के भीतर एक हलचल थी। वे अपने को पूर्ण और शान्त अनुभव नहीं करते थे। उन्हें लगता था जैसे अभी कुछ और है, और है, जो होना ही है, होना ही है...

अतलांत अन्धकार छा रहा था। शीतल वायु अब तनिक नम-सी होकर चल रही थी। दिन की धूप की गर्मी को रात्रि की शीतलता ने ढक दिया था।

तुलसीदास आज उदास-सा घूम रहा था।

वृद्ध का पाँव कभी जल्दी-जल्दी उठने लगता, फिर वह सोचने लगता।

अन्धकार दूर-दूर तक छाया हुआ था। नगर दिखाई नहीं देता था, केवल आकाश के पट पर एक काली परन्तु गहराई से धुली हुई-सी अस्पष्ट रेखा-सी दिखाई देती थी। उसकी ओर कवि ने आँखें उठाकर देखा।

मन ने प्रश्न किया : तुलसीदास! तूने क्या किया? इतना जीवन बीत गया। तूने इतने समय में क्या किया? किसलिए मिला था तुझे मानव का स्वरूप? किसलिए तुझे ब्रह्मा ने ब्राह्मण बनाया? क्या किया तूने इस पवित्र भारत भूमि के लिए?

सरयू गम्भीर गति से बही चली जा रही थी। उसके कल-कल निनाद में एक अजस्र मनोहारी संगीत था, जो मन के गह्वरों को भरता चला जा रहा था, परन्तु यह दाह कैसा था जो सिकता की भांति अपने फैलाव से डराने लगा था। कहाँ था इसका अन्त?

जीवन के साठ वर्ष बीत गए। पत्तों की तरह काँपते हुए वर्ष सत्ता की टहनियों पर उगे और फिर गए और अनन्त अज्ञात की मिट्टी में कहीं गल गए, खो गए। उनको तो अब फिर से बटोर कर नहीं लाया जा सकता न! क्या आगे भी आने वाले क्षण ऐसे ही विनष्ट हो जाएँगे?

तुलसीदास का मन भाराक्रांत-सा चिल्लाने लगा।

उनके सामने चित्र-से काँपने लगे। वे भूलना चाहते हैं पर भूल नहीं पाते। वेदना ही जीवन पर छा जाना चाहती है।

और फिर राम-राम कहकर दशरथ प्राण त्यागने लगे।

कितनी वेदना थी! पिता का मर्म छिद रहा था। कोई साले दे रहा था। माताओं ने क्या सोचा होगा! हृदय का टुकड़ा कैसे फेंक दिया गया था!!

तुलसी रोने लगे।

जल का कल-कल निनाद सुनकर कवि को सांत्वना हुई और मन में नया स्नेह उमड़ने लगा।

यही है वह सरयू जिसने राजा राम के पाँव धोए थे! सरयू तू तो भगवान का स्पर्श करके पवित्र हो गई किन्तु मेरा क्या होगा? तुम कब मिलोगे? कब होगा तुम्हारा पवित्र दर्शन?

तब फिर स्वप्न जागा।

धुंधली आकृतियाँ सामने आईं। यह कौन है? यह तो स्वयं पुरुषोत्तम राघव हैं। नमामि शरणागतवत्सल। नमामि हे त्रिभुवनजयी!

मर्यादा!! मुझे गौरव चाहिए! पौरुष!! अनंत पराक्रमी!

आजानबाहो! हे महाहनु! वीर विशालाक्ष! अदम्य गर्जन करो। ऐसा कि फिर दिशाओं में बड़ी पुण्यमय जीवन प्रतिध्वनित होने लगे, जिनके इस पवित्र वसुंधरा पर शाश्वत अभिमान जाग्रत् किया था!

कहाँ है मर्यादा?

ठहर जाओ मेरे उदासीन विचारो! ठहर जाओ! कौन बढ़ा जा रहा है? यह कौन निर्भय-सा चला जा रहा है?

अरे! दण्डकारण्य में यह कौन जा रहा था?

सहसा असंख्यों शस्त्र अन्धकार में खड़खड़ाने लगे।

विकराल अन्धकार अट्टहास करने लगा।

मारीच मारा गया!

वेदेही!! वैदेही?

माता!!माता!!

तुलसीदास विचिलत होकर पुकारने लगे।

आकाश में हाहाकार मचने लगा।

नहीं! कोदण्डपाणि! जागो!!

मन के गौरव में से ऋषियों के-से ज्वलंत आकार निकालने लगे! अमृत्यु! अमृत्यु! यही निनाद होने लगी।

सर्वार्थस्वार्थनिरत-श्वान आज जीवन को खाने के लिए लोलुप हो उठे हैं और झपट्टा मार रहे हैं।

लीला और माया ही नहीं, शक्ति का वह विस्फुरण चाहिए जो आकाश को पृथ्वी पर उतार लाए।

कोदण्डपाणि! तुम कहाँ हो? तुम भक्तों को भूलकर कहाँ चले गए हो? तुम्हें क्या दया नहीं आती?

उठो! कवि उठो! फिर पुकारो। ऐसी तपस्या करो कि इन्द्र का सिंहासन हिल उठे!

सरयू! हे देवनदी! उगल उठ! तुझमें से ज्वालाएँ क्यों नहीं फूट पड़तीं?

शेषशायी नारायण को फिर भेज! फिर एक बार अनिंद्य शोभा जागने दे।

उठ! अरी अयोध्या उठ! म्लेच्छ निधन के लिए फिर तेरे पथों पर राजा राम का जयनिनाद होने लगे।

तुलसी का मन विषण्ण हो गया। वह इधर-उधर देखने लगे। चारों ओर फिर सूनापन छाने लगा।

फिर यह पराजय क्यों छा रही है?

सुहागिनी विधवा बन कर पड़ी है!

नारायण! रामचन्द्र!! भगवन! इस पृथ्वी पर कब आओगे? अरे अनन्त आकाश! कब तक पृथ्वी पर यह अनाचार होते देख सकेगा?

दृष्टों का विध्वंस करने को भेज, उसी महावीर को भेज जिसने एक दिन दशशीश का विध्वंस किया था। ठहर जा रे कलि! ठहर जा! समुद्र का भयानक बिक्षोभ कुचलकर निर्वासित के चरण, अदम्य चरण सेतु पर चल पड़े थे।

शेष सनातन का रूप हँस उठा।

म्लेच्छों का वैभव लरजने लगा।

भारत की पवित्र मेदिनी में फिर स्फुलिंग-से जाग उठे। रावण का सिर काँपने लगा।

भूख से लोग व्याकुल हो गए हैं। दारिद्र्य खाए जा रहा है प्रभु! नारियाँ अपमानिता हैं। वर्ण टूट गए हैं। ब्राह्मणों का तेजस बुझ-सा गया है। गंगा अपनी पवित्रता को खो रही है। और अनाचार ही अनाचार दिखाई देने लगा है। सामंत अपनी ही प्रजा को भून-भूनकर खा रहे हैं और विदेशी को खिला रहे हैं।

और तुमने केवट को गले लगाया था, उसे अपना जाना था। यह ऐसा क्यों है?

नागपाश से तुम्हारा लक्ष्मण अवरुद्ध हो गया है। हे राम! तुम भी अचेत हो गए हो न?

और शूद्र विद्रोह कर रहे हैं!

गरुड़ पक्षराज! आआ। कवि पुकारता है। मोहनिद्रा को तोड़ दो। तोड़ दो इस विकराल निद्रा को।

महाकवि तुलसी ने सिर उठाकर कहा : तुम्हें आना ही होगा प्रभु क्योंकि आज और कोई सहारा नहीं रहा है। सहिष्णुता की पराकाष्ठा हो चुकी है। क्योंकि प्रजा भटक रही है। किसान हल लिए जाता है, धरती तोड़ता है, फसल उगाता है। परन्तु छठा भाग नहीं, उससे वे सब छीन ले जाते हैं। क्योंकि मर्यादा नहीं रही। राजा प्रजा पर मनमानी लूट करता है। कोई रोकने वाला नहीं। जब धर्म का ही बन्धन अस्वीकृत कर दिया गया है तब भला चिन्ता ही किसकी रह जाती है! शासक अपनी विलास की भूख में कुमारी कन्याओं का अपहरण करते हैं। राजा पिता नहीं है, वह आज अत्याचार का प्रतीक हो गया है।

कैसे रक्षा हो सकेगी?

भण्ड और धूर्त्त निगमागम का नाश कर रहे हैं। वे किसी भी सत्य को नहीं मानते। तर्क कर करके वह प्राचीन ऋषियों की वाणी का तिरस्कार कर रहे हैं। क्या वे इतनी योग्यता रखते हैं?

कौन जानता है उनकी जाति? जाने किस अधिकार से वे जनता का धन खींच रहे हैं!

ब्राह्मण!!

अचानक लोहे पर लोहा टकराया। आकाश में जैसे बिजली-सी कड़की और चारों ओर अनन्तचक्र देदीप्यमान होकर दमदमाने लगा—भास्वर, आलोकित!

"अहे वेदों के उद्धारक!" कवि फुसफुसाया।

"फिर जाग! फिर जाग!" रोम-रोम चिल्लाए।

"क्या तू सोता ही रहेगा?" शौर्य ने ठोकर दी।

"तू कौन है, जानता है? तू पृथ्वी का देवता है। तू मनुष्यों में केहरी है। गर्जन कर। सटा फटकार कर उठ!' अन्तरात्मा की प्रतिहिंसा से ताल ठोंकी।

कवि ने आँखें फाड़कर देखा।

"उठ! वेद पुरुष! गरज उठ।" कवि फुसफुसाकर फिर बोला—"उठ! हिरण्यगर्भ! जातवेदस! आदिनाद के प्रतीक!! जाग! जाग!!

तब तुमुल संग्राम का अन्धेरा छा गया। बाण लपलपाती ज्वालाओं की जीभ से उसे चाटने लगे और फिर विस्फोट-सा प्रतिध्वनित होने लगा। हाय-हाय का आर्त्तनाद होने लगा। निशाचर आकाश में उड़ने लगे। नीचे से दो तरुण बाणों की बौछार-सी कर रहे थे। और ऊपर से कट-कटकर शव गिरने लगे।

कवि अनन्द्र सा देख रहा था। आज महानायक रक्षा कर रहे थे। राम लड़ रहे थे।

और तुलसीदास ने अन्धकार से कहा : विध्वंस! विध्वंस!!

युद्ध हो रहा था! शवों से भूमि पट गई थी।

क्यों हुआ था यह संग्राम?

क्योंकि माता जानकी को वह नीच रावण उठा ले गया था।

खींचो! फिर से लक्ष्मण-रेख खींचो कवि! फिर कमनीय संस्कृति, पूज्या जननी की ओर अत्याचारी बढ़ रहा है। इस रेख के बाद भगवान स्वयं रक्षा करेंगे। माँ! माँ पर अत्याचार!

कवि सिहर उठा।

यह दारुण अपमान!!

भीषण!!

नारायण! रक्त से पृथ्वी को फिर धोना पड़ेगा। और हठात् तुलसीदास को लगा कि समस्त अयोध्या मंगल वाद्यों के स्वरों से अभिभूत हो गई।

ब्राह्मणों के अभयंकर मन्त्रों से अग्नि साकार होकर उठा।

और फिर कुछ याद नहीं रहा।

असंख्य प्रजा रोने लगी।

तुलसी का हृदय फटने लगा।

राम! राम!! तुम कहाँ जा रहे हो??

हे महानायक!!

उस समय दिशाएँ ललकारने लगीं : राम! राम!!

वही राज्य लाना होगा।

वही राजा राम का शासन लाना होगा।

अन्धकार स्तब्ध हो गया था। चारों ओर वायु का श्वास जैसे अवरुद्ध हो गया था।

किन्तु आज तुलसी आत्मविजय करके बैठे थे, कोई भय शेष नहीं रहा था।

सरयू की ओर महाकवि ने हाथ उठाया और तब गुरुदेव नरहरि की छाया अन्तराल में से मानो उठने लगी और पुकारने लगी : तुलसी, तुलसी!

तुलसी उठ खड़े हुए। कहा : गुरुदेव!! आज्ञा!!

'तू सो रहा है अरे जाग उठ! जाग उठ!!''

मैं जागूंगा गुरुदेव! मैं सदैव ही सोता हुआ नहीं रहूँगा। आज मैं प्रतिज्ञा करता हूँ कि अभयंकर निनाद करूँगा।

फिर कहा : तू साक्षी है। सरयू तू साक्षी है! तू आज मेरी बात सुन रही है!

''माता सरस्वती!'' कवि ने कहा—''आज मुझे फिर चेतना का आलोक दे जननी! तू मुझे बल दे! इस धर्मच्युत देश के लिए बल दे, ताकि सोए हुए फिर से सन्नद्ध होकर जाग्रत् हो सकें। प्रजा के उद्धार, वर्णाश्रम की स्थापना, म्लेच्छों के पराभव और गौ, ब्राह्मण, वेद की रक्षा के लिए शक्ति दे!

तब अनन्त नील व्योम में सोने की भांति चमकता हुआ एक विशाल रूप उठ खड़ा हुआ। वह स्फूर्ति से फड़क रहा था। उसके मुख से हुंकार फूट रही थी।

'हे मारुत! आओ! प्रभु-चर्चा करें।'' तुलसीदास आनन्द से पुकार उठे।

मारुत ने आशीर्वाद दिया।

''मैं तुम्हारी वन्दना करता हूँ।'' कवि ने कहा—''हे ब्रह्मचारी! सावधान! कलि को दबाए रखना!''

मारुत ने भुजदण्ड फड़काए।

''देखते हो लंका धू-धू करके जल रही है?'' कवि ने कहा। 'धुआं ही धुआं फैल गया है। मैं इस अन्धकार को तोड़कर भाषा में काव्य लिखूँगा। भाषा में गाऊँगा।''

भाषा!! भाषा में लिखेगा तू!! पंडित छोड़ देंगे? मूर्ख!! वे जड़ हैं।

मानो नरहरि ने कहा : वे गतिहीन हैं। उनके लिए नहीं, तू वेद के प्रति, सनातन धर्म के प्रति उत्तरदायी है...देख, अग्नि परीक्षा है। इसमें कुछ सफल होकर निकल। वह कौन थी, जानता है? पावन वैदेही वसुन्धरा की पुत्री थी। ज्वलंत पुण्य-सी जानकी मुसकराई थी न तब?

मैं लिखूँगा, मैं लिखूँगा—तुलसी पुकार उठे—''मैं जनता के कानों में राम का पवित्र जीवन गुंजाऊँगा। उसको सुनकर प्रजा का भय दूर हो जाएगा।

और तुलसीदास रात के सन्नाटे में गाने लगे–

प्रसन्नता या न गताभिषेकत
स्तथा न मम्ले वनवास दुःखतः।
मुखाम्बुज श्री रघुनन्दनस्य मे
सदास्तु सा मञ्जुलमंगलप्रदा।।
नीलाम्बुज श्यामल कोमलागं
सीता समारोपितवाम भागम्।
पाणौ महासायक चारुचापं
नमामि रामं रघुवंशनाथम्।।
श्री गुरु चरन सरोज रज
निज मन मुकुरु सुधारि।
बरनऊँ रघुवर बिमल जसु
जो दायक फल चारि।

जबते राम ब्याहि घर आए। नित नव मंगल मोद बधाए।।
भुवन चारिदस भूधर भारी। सुकृत मेघ बरसहिं सुखकारी।।
रिधि सिधि सम्पति नदी सुहाई। उमंग अवध अंबुधि कहुँ आई।।

और वे तुरन्त दीप जलाकर लिखने बैठ गए! आज रामनवमी थी। अयोध्या में सैकड़ों वर्षों बाद राम की गाथा फिर लिखी जाने लगी। तुलसीदास पर आवेश-सा छा गया था। राम का नाम सुनते थे तो अंग-अंग पुलकित हो उठता था।

कैसी थी तब प्रजा! .यही तो है वह भूमि, वह पवित्र भूमि! कैसा था तब हमारा राजा? कितना प्रेम करती थी उससे तब प्रजा? तुलसी लिखने लगे–

मनिगन पुर नर नारि सुजाती। सुचि अमोल सुन्दर सब भाँति।।
कहि न जाइ कछु नगर विभूती। जनु एतिनिअ विरंच करतूती।।
सब विधि सब पुर लोग सुखारी। रामचन्द मुख चन्दु निहारी।।
मुदित मातु सब सखी सहेली। फलित विलोकि मनोरथ बेली।।
राम रूप गुन सील सुभाऊ। प्रमुदित होइ देखि सुनिराऊ।।

और तुलसी आगे नहीं लिख सके। विभोर हो गए। सोचते-सोचते वे वहीं सो गए।

प्रातःकाल उठे तो एक नया जीवन जाग रहा था। आज के प्रभात में एक नया ही संदेश था, जैसे जीवन को अपना उद्देश्य मिल गया था। अब तुलसी के जीवन की सार्थकता प्रारम्भ हो गई थी।

तुलसीदास को याद आया। वे उस समय साठ वर्ष के थे।

"प्रभु!" उन्होंने दीन स्वर से कहा–कहीं मुझे कलि समाप्त न कर दे। तुम्हारी विरुदावली गाता हूँ, वृद्ध हो गया हूँ। मुझे संसार के लिए, गौ, ब्राह्मण, वेद के लिए शक्ति दो कि मैं इस महान और कठिनतम कार्य को पूर्ण कर सकूँ। महाराजाधिराज! मुझे दासत्व

से वंचित नहीं करो। तुम्हारे दरबार में मेरी बात आज ठुकराई नहीं जा सकेगी। मैं तुम्हारे चरणों के प्रताप के बारे में गाऊँ, तो क्या तुम मुझे कलि के हाथों पराजित होते देख सकोगे?

दिन और रात एक हो गए।

कवि एक नया आदर्श शताब्दियों के बाद प्रस्तुत कर रहा था।

वे काशी आ गए।

जिस प्रकार प्राचीन काल में ब्राह्मण शास्त्र, पुराण बनाते थे उसी प्रकार महाकवि सारे निगमागम का निचोड़ भर रहे थे।

पहले अयोध्याकाण्ड समाप्त हुआ। फिर युद्धकाण्ड तक वे लिखते चले गए। अन्त में उन्होंने उत्तरकाण्ड लिखा जिसमें रामराज्य का महामहिन्त स्वप्न जाग उठा। उसके बाद कवि ने आदिकाण्ड लिखा। इस आदिकाण्ड (बालकाण्ड) में कवि ने तत्कालीन उच्चवर्ण के कवियों को चुनौती दी कि देखो मैं किसी राजा का आश्रित नहीं हूँ। मैंने यह काव्य स्वान्तः सुखाय लिखा है।

नाना-पुराण-निगमागम-सम्मतं यद्
रामायणे निगदितं क्वचिदन्यतोऽपि।
स्वान्तः सुखाय तुलसी रघुनाथगाथा—
भाषा-निबंधमतिमञ्जलमातनोति।।

यह राजा तो म्लेच्छों के सामने सिर झुकाए बैठे हैं।

दो वर्ष बीत गए।

काव्य समाप्त हो गया।

तुलसी ने मन्दिर में भगवान के सामने उस काव्य को रख दिया और दण्डवत करके कहा : प्रभु! इस दीन को आपने ही इतनी शक्ति दी थी, क्योंकि आपको यही स्वीकृत था। हे राजाओं के राजा! मुझे बल दो कि लोक में इसका पाठ हो और आपकी पवित्र कीर्ति घर-घर में व्याप्त हो सके।

लगा राम मुसकरा रहे थे।

तुलसी लौट आए। आज उन्होंने अन्धकार में ही हाथ उठाकर कहा : गुरुदेव वह नरहरि स्वामी को याद कर रहे थे!

वे कहते रहे : मैंने आपका स्वप्न पूर्ण करने का यत्न किया है गुरुदेव! आशीर्वाद दें।

आज मन का भार हल्का हो गया था। वे बैठ गए।

मन के किसी कोने से किसी ने झांका।

"कौन है?" वे अपने-आपसे पूछ बैठे।

"मैं हूँ रत्ना!"

"रत्ना!! अब क्यों आई हो?"

"वह देखने आई हूँ जिसके लिए आपको मैंने अपना वर चुना था। मेरी सत्ता से आप अपनी महानता को भूल गए थे। मैंने अपनी बलि देकर आपको फिर महान पंथ पर खड़ा कर दिया। आपको मुझ पर क्रोध तो नहीं है?"

"नहीं रत्ना! तुलसीदास कुछ नहीं है, वह तो केवल रत्ना के शब्दों का चमत्कार है।"

"तो मैं जाऊँ?"

"जाओ! मन आज तृप्त है।"

अन्धेरी उतर आई। और तुलसीदास ने आज आँखें बन्द कीं तो लगा रघुनाथ धनुष लेकर आकाश से पृथ्वी पर उतरते आ रहे हैं और चारों ओर वेदघोष हो रहा है।

देखा भोर हो गई थी। मन्दिरों के घंटे बजने लगे थे।

भीड़ें झूम रही थीं। कथा हो रही थी। वृद्ध तुलसी रामचरितमानस सुना रहे थे। पंडितों की संस्कृत धरी गई। लोगों को ठगने के लाले पड़ गए थे। तुलसी पुकार रहा था : पृथ्वी के देवता ब्राह्मण ही रक्षक हैं। उनका सम्मान करो। राजा राम के राज्य को लौटा लाओ। परन्तु यह राजा विदेशी म्लेच्छों के दास हैं। यह रूढ़िवादी तो ब्राह्मण धर्म की रक्षा नहीं कर सके हैं। उठो! ब्राह्मणो! क्षत्रियो! वैश्यो और शूद्रो! एक हो जाओ! धर्म के लिए एक हो जाओ!

सत्ताधारी चौंकने लगे।

ब्राह्मणों ने पुकार उठाई : तुलसी वेद के धर्म को गिरा रहा है। वह भाषा में धर्म में सुना रहा है।

परन्तु जनता ने एक स्वर से निर्णय दिया। तुलसी धर्म-रक्षक है। धर्म चारों वर्णों का है।

रामचरितमानस वाल्मीकि रामायण से भारी पड़ने लगी और रूढ़िवादी ब्राह्मण धीरे-धीरे मत बदलने लगे।

वृद्ध तुलसीदास इतने ही से शान्त न हुए। उन्होंने काशी को खण्डों में बांटा। एक भाग लंका बना, एक अयोध्या और इसी प्रकार भिन्न स्थानों के भिन्न-भिन्न नाम रखे गए। और सारा महानगर रामलीला करने लगा।

वेद मार्ग को मानने वाले राम और शिव का भेद भूल गए थे। दोनों का वेद ही पूज्य है तो लड़ें क्यों?

तुलसी की शिवस्तुति विप्र ने गाई थी और वह भी भाषा में नहीं, संस्कृत में। मन्दिरों में गूँजने लगा—

नमामीशमीशान निर्वाण रूपं
विभुं व्यापकं ब्रह्मवेद स्वरूपम्

अजं निर्गुणं निर्विकल्पं निरीहं
चिदाकाशमाकाशवासं भजेऽहम

सारी काशी में जैसे नया ज्वार आ गया था।

संध्या को कवि सुनाता। दिन में मानस की असंख्य प्रतियाँ बनाई जातीं और वे भारत भर में भेजी जाने लगी। तुलसी का नाम फैलने लगा।

कथा हो रही थी। चार-पाँच आदमियों का दल आगे बढ़ा। उन्होंने तुलसी को प्रणाम किया। असंख्य प्रजा बैठी थी। नर-नारी विनीत थे।

दल के एक व्यक्ति ने कहा : महाराज! काशीराज आपके दर्शन करना चाहते हैं!

दूसरे ने कहा : चलें महाराज!

तुलसी हँसे। कहा : कहाँ चलूँ वत्स! काशी के कोतवाल की आज्ञा लाए हो?

''महाराज! स्वयं काशीराज उधर हाथी पर उपस्थित हैं।''

''काशीराज!!'' तुलसी ने कहा—''प्रबन्धक कहो वत्स! काशी के राजा तो जगत विजयी राम हैं। इस काशी के कोतवाल शंकर हैं। मैं तो वेद-पुराण और सब जगह यही सुनता आ रहा हूँ। तुम किसकी बात कर रहे हो? देखते हो। राजा राम का पवित्र नाम सुनने को सब वर्णों की देव, गौ, ब्राह्मण और वेद-रक्षक प्रजा बैठी है। इस समय मैं कहाँ चलूँ? राजा राम से बड़ा कौन है? मैं किसी पृथ्वी के राजा को सिर नहीं झुकाता।''

भीड़ ने भीषण जयजयकार किया। उस समय दोनों हाथ उठाए भीड़ में काशीराज दिखाई दिए। वे चिल्लाए : तुलसीदास की जय!! महाकवि तुलसीदास की जय!!

जयध्वनि से वाराणसी प्रतिध्वनि होने लगी।

काशीराज ने कहा : उद्धार करो हे परम भगवद्भक्त! लोक का कल्याण करो! धर्म की स्थापना करो!

और वे भीड़ के आगे बैठ गए।

तुलसी ने कथा फिर प्रारम्भ की।

माता का प्रेम, राज्यों की नीतियाँ, अत्याचारी का दंभ, मर्यादा का गौरव एक-एक करके उस विदलित समाज को पुराने आदर्शों के झोंकों में झुलाने लगे। यह एक ठोस दृश्य था! राजा, प्रजा, ऊँच, नीच, नारी, माता, पिता, धर्म, वेद सबका निरूपण था। प्रजा को साहस मिला।

गाँवों में कथा फैलने लगी। निगमागम की सम्पत्ति ग्रामीणों में पहुँच गई। ब्राह्मण ने फिर भारत को विदेशी संस्कृति के विरुद्ध जाग्रत् किया था, और वेद विरोधियों को कुचल कर रख दिया था।

कथा समाप्त हो गई।

काशीराज ने पुकारा : तुलसीदास कलियुग के बाल्मीकि हैं। महाराज! राजा प्रजा

को भूल गए, राजा और प्रजा धर्म को भूल गए, आपने फिर से सबको जगा दिया। आपने सोते हुए लोक को फिर से उठने को बाध्य कर दिया। मैंने सुना था आप धर्म नाश कर रहे हैं।

परन्तु आप तो धर्म के एकमात्र रक्षक हैं!

तुलसी ने मुसकराकर कहा : काशीराज!

धरम के सेतु, जगमंगल के हेतु
भूमि भार हरिवे को अवतार लियो नर हो,
नीति औ प्रतीत-प्रीति पाल चालि प्रभु मान,
लोक वेद राखिबे को पन रघुवर को।
वानर विभीषण की ओर के कनावड़े हैं
सो प्रसंग सुने अंग जरै अनुचर को,
राखे रीति अपनी जो होई सोई कीजै, बलि,
तुलसी तिहारो घर जायउ है घर को।

तब शिष्य नारायण ने सुनाया था–

आरत पालु कृपालु जो राम, जेही सुमिरे तेहि को तहं ठाड़े।
नाम प्रताप महा महिमा, अकरे किये खोटेउ, छोटेउ बाढ़े।।
सेवक एक तें एक अनेक भए तुलसी तिह तापन डाढ़े।
प्रेम बदौं प्रहलादहि को जिन पाहन तें परमेश्वर काढ़े!

सचमुच पत्थर में से परमेश्वर निकलता दीख रहा था। काशीराज और काशीवासियों की वह भीड़, सब उस समय महामुनि तुलसी को दण्डवत करते हुए जयजयकार करने लगे।

महाकवि तुलसीदास का गौरव मिथिला में गूँजने लगा। वे यात्रा पर निकले थे। उनकी कथा सुनने असंख्य प्रजा टूटती।

नैमिषारण्य, अयोध्या, चित्रकूट आदि में वे जागरण का संदेशा गुंजाते घूम रहे थे।

लोगों में चर्चा थी।

तुलसी ने स्वान्तःसुखाय काव्य लिखा। केशवदास को उन्होंने दूसरे राजाओं की चाकरी में देखा तो मिलने से इन्कार कर दिया। जब केशव ने राजा राम का गुण गाया तो मिले।

निर्गुणियाँ मलूकदास ने राम का विरोध छोड़ा। वेद मार्ग के सामने सिर झुका दिया।

राजा टोडरमल ने राजा बीरबल के बारे में पूछा तो महाकवि ने स्पष्ट कहा, वह चतुर है, पर अपने को बेच चुका है। क्यों अपने को खो रहा है! यह सुनते ही टोडरमल चुपचाप चला गया। वैसे वह उनका मित्र था।

हिन्दू धर्म को आदर की दृष्टि से देखने वाला कवि अब्दुर्रहीम-खानखाना भी तुलसी

की प्रसन्नता में प्रसन्न रहता था।

गरीब किसानों की भीड़ें तुलसी के दर्शन के लिए टूटने लगीं। वे हिन्दू थे। उन पर शासन अत्याचार कर रहा था। उन पर उस शासन के पिट्ठू सामन्त थे। तुलसी ने स्पष्ट कहा—राम के दरबार में मांगो! यह राजा क्या देंगे? यह धर्म के प्रतिपालक नहीं हैं।

जनता में राजा राम के पवित्र राज्य की कल्पना जागने लगी। तुलसी को लोग कन्धों पर लेकर घूमने लगे। और कवि इस सम्मान को पाकर मन ही मन व्याकुल हो उठा। वह तो संसारत्यागी संन्यासी था। कल तक लोग तरह-तरह के नाम देते थे। यहाँ तक कि रूढ़िवादी ब्राह्मण, जो भाषा के माध्यम से जनता तक नहीं पहुँचना चाहते थे, अपनी शृंखलाओं में बंधे हुए देश और धर्म का नाश कर रहे थे, वे पहले गाली देते थे।

तुलसी ने कहा था—

मेरे जाति-पाँति, न चहौं काहू की जाँति पाँति,
मेरे कोऊ काम को, न हौं काहू के काम को।
लोक परलोक रघुनाथ ही के हाथ सब,
भारी है भरोसो तुलसी के एक नाम को।
अति हीं अयाने उपखाने नहिं बूझैं लोग,
"साह ही को गोत-गोत होत है गुलाम को।"
साधु कै असाधु, कै भलो कै पोच, सोच कहा,
का काहू के द्वार परौं, जो हौं सो हौं राम को।

वह किसी के द्वार पर नहीं गया। विरोध सहता गया। उधर मुगलों का अतिचार बढ़ता गया। हिन्दू एक होते गए। तुलसी ने वर्णाश्रम धर्म की स्थापना की। जिसकी ओर लोग अधिक आकर्षित होने लगे। और अब!

रामगुलाम का यह आदर!!

कवि राम के सामने श्रद्धा से झुक गया।

वर्णाश्रम का विरोध करने में अनेक सम्प्रदाय उठे थे। जाति-व्यवस्था टूट रही थी। म्लेच्छों का कुशासन था। ब्राह्मण भी डूब रहे थे। और आज! वर्णाश्रम की ओर लोग जाग रहे थे। सारे हिन्दू एक ओर हो रहे थे। ब्राह्मण अब फिर एक बार प्रजा का संगठन कर रहे थे।

लोगों में गूँजने लगा—

वेद पुरान बिहाइ[1] सुपन्थ
कुमारग कोटि कुचाल चली है।
काल कराल नृपाल कृपालन
राम समाज बड़ोई छली है।

---

1. छोड़कर

बर्न विभाग न आश्रम धर्म,
दुनी दुख-दोष-दरिद्र दली है,
स्वारथ को परमारथ को कलि
राम को नाम-प्रताप बली है।

जहाँ गोरखनाथ ने भक्ति भगाकर वर्णाश्रम धर्म का खण्डन करके जोगी मार्ग चलाया था, वहाँ अब जोगी रूढ़ियों में फँस गए थे। पहले ही तुलसी ने पुकार उठाई थी—यह मार्ग वेद-विरोधी है। इसको त्याग दो।

परन्तु आज तुलसी को लोग महामुनि कहते थे—कवि को अपना बचपन याद आया और आज से तुलना की। वह गा उठा—

जाति के, सुजाति के, कुजाति, पेटागि बस,
खाए टूट सबके बिदित बात दुनीसो।
मानस बचन काय किए पाप सति भाय,
राम को कहात दास दगाबाज पुनीसो।
राम नाम को प्रभाउ, पाउ महिमा प्रताप,
तुलसी से जग मनियत महामुनिसो।
अति ही अभागा अनुरागत न राम पद,
ऐता बड़ो अचरज देखि सुनीसो।
जायो कुल मङ्गन बधावनो बजाओ सुनि—
भयो परिताप पाप जननी जनक को।
बारे में ललात बिललात द्वार द्वार दीन,
जानत हो चारि फल चारि ही चनक को।
तुलसी सो साहिब समर्थ को सुसेवक है,
सुनत सिहात सोच विधि हू गनक कों।
नाम, राम! रावरो समानो किधौं बाबरो,
जो करत गिरी तें गरु तृन तें तनक को।

और वह उसी प्राचीन ब्राह्मण परम्परा में था, जो धनहीन रहनेवाले समझे जाते थे, परन्तु जिनको देखकर संसार सिर झुकाता था। परन्तु आज सम्राट-मुगल-म्लेच्छ!! वह तो धर्म की वैदिक महिमा का विरोधी था।

अन्त में महाकवि काशी आ गए।

मीन की सनीचरी आई थी। हाहाकार मच रहा था। महामारी से लोग मर रहे थे। भीड़ें गरीब थीं, मौत सिर पर झूल रही थी। महाकवि जिधर देखते उधर ही। श्मशान का-सा धुआँ उठता हुआ दिखाई देता। हो-हो करतीं, छाती पीटतीं नारियाँ, पथ पर अनाथ

पड़े हुए बालक, और वृद्धों के झुके हुए सिर देखकर लगा कि अब सर्वनाश हो जाएगा। लाशें गंगा में फेंकी जा रही थीं।

और मुगल साम्राज्य का वैभव इन शवों के अम्बार पर पल रहा था।

महाकवि ने रोते हुए राम के सामने पुकारा : प्रभु यह क्या हो रहा है। किसान की खेती नहीं रही, व्यापारी का व्यापार नहीं रहा। कलि ने सब चौपट कर दिया है। म्लेच्छों का मदान्ध शासन अपने अत्याचार में मस्त हो रहा है। कौन करेगा इस देश की रक्षा! धर्म का नाश कौन रोकेगा प्रभु! आपने रावण को मारा था, इस कलि को नहीं मारेंगे?

तब कवि को लगा। फिर लगा।

यह सब क्यों है? क्योंकि लोगों ने धर्म, वर्णाश्रम और वेद का मार्ग छोड़ दिया है।

कवि ने लिखा–

निपट बसेरे अघ, औगुन घनेरे नर,
नारिउ अनेरे जगदम्ब चेरी तेरे हैं।
दारिदी दुखारी देखि भूसुर भिखारी[1] भीरु
लोभ मोह काम कोह कलिमल घेरे हैं।
लोक रीति राखी, राम साखी वामदेव जान,
जन की विनति मानि मातु कही–'मेरे हैं।'
महागारी महेशानि महिमा की खानि, मोद
मंगल की रासि, दास कासी-बासी तेरे हैं।

सब ही दुखी हैं। पापों का फल पा रहे हैं–

लोगन के पाप; किधो सिद्ध सुरसाय, कैंधौं
काल के प्रताप कासी तिहूँ तापतई है।
ऊँचे, नीचे, बीच के; धनिक रंक राजाराम[2]
हठित बजाय करि डीठि पीठि दई है।
देवता निहोरे महामारिन्ह सों कर जोरे,
भोरानाथ जानि भोरे आपनी सी ठई है।
करुनानिधान हनुमान वीर बलवान,
जस रासि जहाँ तहा तैं ही लुट लई है।

उस हाहाकार में कवि का मन भगवान से देश में धर्म की विजय के लिए पुकार रहा था।

हे हनुमान! तुम रक्षा करो। राम की बिगड़ी तुमने ही सुधारी थी। देवता दयालु नहीं हैं। राजा[3] कृपालु नहीं है। बनारस में अनीति बढ़ती चली जा रही है–

---

1. ब्राह्मण भिखारी और कायर हो गए हैं।
2. तुलसी की वेदना सबके लिए है। यह प्रार्थना म्लेच्छों का परोक्ष विरोध है। सभी हिन्दू एक प्रकार से दुखी थे।
3. राजा!! कौन था? मुगल सम्राट! तुलसी के धर्म-विरोधी म्लेच्छ।

संकर-सहर सर, नरनारि बारिचर,
बिकल सकल महामारी माँजा भई है।
उछरत उतरात हहरात मरि जात,
भभरि भगत, जल थल मीचु मई है।
देव न दयालु महिपाल न कृपालुचित,
बारानसी बाढ़ति अनीति नित नई है।
पाहि रघुराज, पाहि कपिराज रामदूत,
राम हू की बिगरी तुही सुधारि लई है।

वेद धर्म दूर चले गए! कहाँ से आ गए ये सामन्त! यह तो पुराने धर्म के रक्षक नहीं हैं! यह तो भूमिचोर हैं। भूमिचोर! किसानों से ज़मीन छीननेवाले!! म्लेच्छ और उनके दास हिन्दू राजा सामन्त!! भूमिचोर राजा बन गए हैं! जो कल तक भूमि के शासक नहीं थे, वे ही अत्याचार कर रहे हैं!!

एक तो कराल कलि काल सूल मूल तामें,
कोढ़ में की खाजु सी सनीचरी है मीन की।
वेद धर्म दूरि गये, भूमि चोर भूप भये,
साधु सीद्यमान जानि रीति पाप-पीन की।
दूबरे को दूसरो न द्वार, राम दया-धाम!
रावरी ही गति बल-विभव-विहीन की।
लागैगी पैं लाज वा बिराजमान बिरूदहि,
महाराज आजु जौन देत दादि दीन की।

हे राम! वर्णाश्रम छोड़ देने के अपराध में शंकर ने प्रजा को दण्ड दिया था परन्तु तुमने रक्षा कर दी—

आस्रम बरन कलि-बिवस विकल भए,
निज निज मरजाद मोटरी सी डार दी।
शंकर सरोष महामारि ही तैं जानियत,
साहिब सरोष दुनी दीन दीन दारदी।
नारि नर आरत पुकारत, सुनै न कोऊ,
काहू देवतिनी मिलि मोठी मूठि मार दी।
तुलसी सभीत-पाल सुमिरे कृपालु राम,
समय सुकरुना सराहि सनकार दी।

मीन की सनीचर घट चली, बीत चली। उजाड़ काशी में फिर लोग जागने लगे। तुलसी पुकारता था : जागो। फिर वर्णाश्रम के पथ पर चलो। राजाराम की दया से बच गए हो। उठो! वेद के मार्ग पर चलो। कलि कुचाल का त्याग करो! अपनी सत्ता को पद-दलित देखकर अपने-आपको खोओ नहीं।

और काशी में लोग—धनी-दरिद्र—उसके पीछे होने लगे। वह धनुष धारण करनेवाले राम के पवित्र राज्य का स्वप्न जगाता हुआ पुराने धर्म की मर्यादा जगाने लगा। अवैदिक सम्प्रदाय सिकुड़कर चुप हो गए। उस समय मुगल वैभव के शोषण ने धनी, दरिद्र हिन्दुओं को जगह-जगह एक हो जाने के लिए प्रेरणा दी थी।

गंगा तीर पर तुलसी घूम रहे थे, धीरे-धीरे।

हठात् एक भयानक रोदन गूँज उठा।

"कौन?" वृद्ध कवि ने पूछा था।

"मैं हूँ।" ब्राह्मणी गौरा रो पड़ी। उसके पीछे उसके पति के शव को लिए कुछ उदास-से व्यक्ति खड़े थे।

"कौन, गौरा बेटी? क्या हुआ? यह कौन है?"

शव नहीं बोला। केवल ब्राह्मणी रोई।

"तेरा पति कल्याण!!" कवि ने काँपते कण्ठ से पूछा।

विधवा चिल्लाई, "बाबा! लोग कहते हैं तुम भगवान से बात करते हो। मेरे पति को जिला दो बाबा! वह भूख से मर गया है।"

तुलसी का हृदय फटने लगा।

काशी में ब्राह्मण अपनी युवती स्त्री को विधवा बनाकर भूख से मर गया है। क्या धर्म निःशेष हो गया है!! क्या सुन रहे हैं वे!!

पूरा मानस लिखा! जन-जन में प्रबोध हुआ परन्तु कलि का प्रहार निरन्तर बढ़ रहा है!!

वे स्तब्ध खड़े रहे। विधवा का हाहाकार गूँज रहा था।

"बाबा! दया करो! मेरे पति को जिला दो।"

कैसी ममता का आवेश था?

तुलसी जिला दे!!

कैसे जिला दे!!!

किन्तु जिलाना ही होगा!!!

कहा, "कल आना गौरा! कल तेरा पति जी उठेगा। लेकिन एक काम करना होगा!!"

"बाबा!!" स्त्री आनन्द से चिल्ला उठी।

तुलसी ने धीरे से कहा, "भगवान के काशी में जितने मन्दिर हैं उन सब में से प्रसाद ले आ और फिर एक पीले रंग का कफन ले आ जिसे ऐसे घर से लेकर आना होगा जहाँ कभी मृत्यु नहीं हुई हो।"

विधवा चली गई। लोग रो पड़े।

रात को तुलसी राम की मूर्ति के सामने बैठकर रोने लगा। कितनी दारुण थी वह व्याकुलता!!

प्रभु! यह क्या है?

यह कलि का ताण्डव क्यों हो रहा है?

अन्धकार में फिर गौरा का स्वर गूँज उठा : बाबा! बाबा!!

"कौन? तू आ गई?"

"आ गई हूँ बाबा!"

"ले आई?"

"ले आई हूँ।"

तुलसी का हाथ काँप उठा।

"यह है प्रसाद, परन्तु कफन नहीं मिला।"

"नहीं मिला!!"

"मेरे पति जी गए बाबा।"

"कहाँ हैं गौरा?"

"वह रहे सामने।" गौरा ने राम की ओर उँगली उठा दी।

तुलसी हार गया था। गौरा हँसी। कहा, "बाबा! मेरे पति वहीं गए हैं। राम ही तो थे वे! तुम मेरे गुरु हो बाबा! मुझे चरन छूने दो।

उसने तुलसी के चरण छुए।

'उठ,' कवि ने कहा, "तू सौभाग्यवती हुई।"

"मुझे तुमने बचा लिया बाबा! तुमने मुझे भगवान बता दिए। मैं पागल हो गई थी।"

तुलसी ने कहा, "और अब मैं पागल हो गया हूँ गौरा!"

"क्यों बाबा?"

"देखती है? भगवान बोल नहीं रहे हैं।"

"बोल तो रहे हैं वे।"

"तुझे कुछ सुनाई दे रहा है?"

"हाँ बाबा!"

"क्या कहते हैं बोल?"

"वे कहते हैं तुलसीदास विनय सीख! विश्वास कर।"

तुलसी ने मन ही मन गौरा को प्रणाम किया, जैसे विदेह ने मैथिली को सिर झुकाया हो, और तुलसी ने विह्वल स्वर से पुकारा : मारुत! मुझे बल दो। भक्त की रक्षा करो। मैं नहीं हटूँगा, मैं नहीं हटूँगा। मुझे वचन दो। यह संसार सदा ही पाप से मलिन नहीं रहेगा। इस लोक का उद्धार करो प्रभु! तुम जगन्नियंता हो। म्लेच्छों से पद दलित मानवता को फिर से उबारो स्वामी!

तुलसी ने करुण स्वर से गाया :

"अति आरत, अति स्वारथी, अति दीन दुखारी,
इनकौ बिलगु न मानिए बोलहिं न विचारी।

लोक रीति देखी सुनी, व्याकुल नर नारी,
अहि बरषे अनबरषे हूँ देहिं दैवहिं गारी।
ना कहि आयो नाथ सों साँसति भय भारी,
"कहि आयो, कीबी छमा निज ओर निहारी।
समय सांकरे सुमिरिए समरथ हितकारी,
सो सब बिधि ऊपर करै अपराध बिसारी।
बिगरी सेवक की सदा साहबहिं सुधारी,
तुलसी पर तेरी कृपा निरुपाधि निरारी!"

गौरा चली गई थी और काशी में घूम-घूमकर कह रही थी : बाबा ने मेरे पति को जिला दिया, वे मरे नहीं हैं, मरे नहीं हैं...

उधर तुलसी राम के चरणों पर पड़ा रो रहा था।

और कवि का व्याकुल मन राजा राम के दरबार में अपनी अर्ज़ी पहुँचाने के लिए व्याकुल हो उठा। उसने समस्त देवी-देवताओं की प्रार्थना की, जो वेद की रक्षा में निरत थे। ध्वनि हृदय से उठने लगी। दरबार में वैभव था। तुलसी एक अकिंचन! क्या वह रामराय तक नहीं पहुँचेगा! वह तो राम का दास था। व्यक्ति का दैन्य, संन्यासी की आत्मविरक्ति लिए हुआ था, परन्तु लोकपक्ष में वह वर्णाश्रम धर्म की पुनः स्थापना के लिए कलि से घोर युद्ध था।

कवि ने प्रजा को विश्वास से सुनाया :

जो तेहि पंथ चलै मन लाई
तौ हरि काहे न होंहिं सहाई॥
जो मारग स्रुति साधु बतावै
तेहि पथ चलत सबै सुख पावै॥
पावै सदा सुख हरि कृपा,
संसार आसा तजि रहै,
सुपनेहुँ नहीं दुखदेत दरसन,
बात कोटिक को कहै?
द्विज देव गुरु हरि संत बिनु
संसार पार न पावई,
यह जानि तुलसीदास त्रास हरन
रमापति गावई॥

लगा आचार्य शेष सनातन और नरहरि गुरु की आत्माएँ प्रसन्न हो उठीं।

वही राम चाहिए था जो दीनों की रक्षा कर सके। वही समाज चाहिए था जहाँ

ब्राह्मण पूज्य हों पर जहाँ वे लोलुप न हों, जो रूढ़ि में अपना अहंकार लिए न बैठे रहें, वरन् वेद, ब्राह्मण और पुराणों आदि की रक्षा के लिए निम्नवर्णों को सहूलियतें दें, और निम्नवर्ण वेद और ब्राह्मण को पूज्य मानकर वर्णाश्रम को सिर झुका दें। वह समाज चाहिए था जहाँ वेद को पूज्य माननेवाले सम्प्रदाय परस्पर लड़ें नहीं।

आदर्श राजा तो राम थे। मुगल या म्लेच्छों का वैभव ही क्या था! भगवान के लिए सब वर्ण समान थे, सबकी मुक्ति हो सकती थी, परन्तु समाज में अपना वर्णधर्म पालना ही श्रेष्ठ था।

और तुलसी का क्या था! वह अवधूत था। मस्त था। वह तो वर्णाश्रम से परे संन्यासी था। उसे तो राम नाम ने खर से गयन्द पर चढ़ा दिया था। और वह कलि कितना अत्याचारी था!

कवि ने गाया :

दीन दयालु दुरित दारिद दुख
दुनी दुसह तिहुँ ताप तई है।
देवकुमार पुकारत आरत
सबकी सब सुख हानि भई है।

तुम कहाँ इन म्लेच्छ और टुकड़खोर स्वार्थी सामन्तों के पास अर्जी लेकर जाते हो? देखो अपने अतीत की ओर! वह गौरव और वह वैभव देखो! चलो राम के दरबार में अर्जी दें।

प्रभु ने ही तो कहा है कि ब्राह्मण ही पृथ्वी पर श्रेष्ठ है। प्रभु की पृथ्वी पर रहनेवाली मूर्ति ब्राह्मण ही है–

प्रभु के वचन वेद बुध सम्मत
मम मूरति महिदेव[1] भई है।
तिन्ह की मति रिस, राग, मोह, मद,
लोग लालची लीलि लई है।

हाय! उन पृथ्वी के देवताओं की मति को रोष, राग, मोह, लालच ने ग्रस लिया है। और राजसमाज के अनाचार की तो पूछो ही नहीं–

राजसमाज कुसाज कोटि कटु
कल्पत कलुश कुचाल नई हैं
नीति प्रतीति प्रीति परमिति पति
हेतुबाद हठि हेरि हई है।

लोक ने वर्णाश्रम की मर्यादा छोड़कर ही कष्ट उठाया है–

आस्रम-बरन धरम-बिरहित लग
लोक बेद मरजाद गई हैं,

1. ब्राह्मण : पृथ्वी का देवता

प्रजा पतित पाखण्ड पापरत
अपने अपने रंग रई है।

कलि रूपी कसाई ने पृथ्वी रूपी गाय को विवश कर दिया है–

परमारथ स्वारथ साधन भए
अफल सकल, नहिं सिद्धि सई है,

कामधेनु-धरनी कलिगोमर–

विबस विकल, जामति न बई है,
कलि करनी बरनिए कहाँ लौं
करत फिरत बिनु टहल टई है,
तापर दाँत पीसि कर मींजत,
को जानै चित कहा ठई है?

कलि दाँत पीसता है। परन्तु राम की दया देखो। वे कृपा कर रहे हैं–

दीजै दादि देखि नातो बलि[1]
मही-मोद-मंगल रितई है,
भरे भाग अनुराग लोग कहैं
राम अवध चितवनि चितई है।
बिनती सुनि सानन्द हेरि हँस
करुना वारि भूमि भिजई है,
रामराज भयो काज सगुन सुभ,
राजाराम जगत बिजई है।
राजाराम जगत के विजेता हैं।
समरथ बड़ो सुजान सुसाहिब
सुकृत-सेन हारत जितई है
सुजन सुभाव सराहत सादर
अनायास साँसति बितई हैं।
उथपे थपन, उजार बसावन,
गई–बहोर बिरद सदई है,
तुलसी प्रभु आरत-आरतिहर
अभय बाँह केहि केहि न दई है!

और यह करुणा के गीत उठते ही रहे।

ब्राह्मण जागने लगे। रामनाम के कारण ही तुलसी का जयजयकार होने लगा।

शुद्ध संस्कृत के श्लोक छोड़कर ब्राह्मण विनयपत्रिका की हिन्दी-संस्कृत की स्तुतियाँ गाने लगे–

---

1. बलि से दान लेने के बल।

जयति मर्कटाधीस मृगराज-बिक्रम
महादेव मुद मंगलालय कपाली।
मोह-मद कोह-कामादि-खल-संकुल—
घोर संसार-निसि-किरनमाली॥
जयति लसदंजनादितिजकपि-केसरी—
कस्यप-प्रभव-जगदार्तिहर्त्ता।
लोक-लोकप-कोक-कोकनद-सोकहर—
हंस हनुमान कल्यान कर्त्ता॥

वह हनुमान साधारण नहीं है। वह तो वेद-विरोधियों को मारता है। मन्त्र-तन्त्र अभिचार करनेवाले तथा साकिनी, डाकिनी आदि को देखता है, दबाता है।

जयति पर-जंत्रमंत्रिभिचारं-ग्रसन,
कारमनि-कूट-कृत्यादि हंता।
साकिनी-डाकिनी-पूतना-प्रेत-बैताल—
भूत-प्रथम-जूथ जंता॥
जयति वेदांतविद, बिबिध विद्या-विशद—
बेद बेदांग-विद्, ब्रह्मवादी।
ज्ञान-वैराग्य-विज्ञान-भाजन बिभो
बिमल गुन गगन सुक सारदादी॥

और इस प्रकार राजा राम की दुंदुभि बजने लगी। वर्णाश्रम की ओर लोग फिर झुकने लगे। पण्डितों ने कहा—तुलसी ने ब्राह्मण धर्म का उद्धार किया। उसने ठीक ही कहा था कि वेद, वेदांग, पुराणों का सार निचोड़ कर मानस में रखा था, और विनय ने तो सब समस्याएँ हल कर दीं।

पण्डित बैठते। कहते : लोक संस्कृत भूल गया था। तुलसी ने भाषा में ही इस सनातन धर्म और संस्कृति को निचोड़कर भर दिया।

किन्तु लोक-कल्याण की कामना करनेवाला तुलसी मन से दुखी था। व्यक्तिपक्ष का मालिन्य आज भी दीन बना हुआ था।

यह सब सत्य था, इसकी मर्यादा थी। परन्तु यह सकल संसार शून्य ही था—

केसव कहि न जाई का कहिये?
देखत तब रचना विचित्र अति समुझि मनहिं मन रहिये॥
सून्य भीति पर चित्र रंग नहिं, तनु बिनु लिखा चितेरे।
धोये मिटै न, मरै भीति दुख, पाइय यहि तनु हेरे॥
रविकर नीर बसै अति दारुन मकर रूप तेहि माँही।
बदनहीन सो ग्रसै चराचर पान करन जे जाहीं॥
कोउ कह सत्य, झूठ कह कोऊ, जुगल प्रबल कर मानै।

तुलसिदास परिहरैं तीन भ्रम सो आपन पहिचानै॥
आपुन पहचानने के लिए ही तो यह सब हुआ था!
किसने दी यह प्रेरणा?
रत्ना की बात ने? रत्ना!
यदि वह न होती तो!

स्वप्न टूट गया।

"नारायण!" महाकवि पुकार उठे।

नारायण भीतर आया।

"गुरुदेव!"

महाकवि ने कहा, "पुत्र! बैठ जा। मलूक को भी बुला ले।"

दोनों आकर बैठ गए।

तुलसीदास ने कहा, "लिख तो वत्स! आज आनन्द का दिन है।"

"गुरुदेव!" मलूक ने उच्छ्वास भरा।

"सुन तो," कवि मुसकराए। कहा, "स्वप्न पूर्ण हुआ।"

वे गाने लगे—

पवन-सुवन, रिपुदवन, भरत लाल,
लखन दीन की।
निज-निज अवसर सुधि किए बलि जाऊँ,
दास आस पूजि है खास खीन की॥
राजद्वार भली सब कहैं
साधु समीचीन की।
सुकृत सुजस साहिब कृपा स्वारथ
परमारथ गति भए गति बिहीन की॥
समय संभारि सुधारिबी
तुलसी मलीन की।
प्रीति रीति समुझाइबी नतपाल
कृपालुहिं परमित पराधीन की॥

मलूक ने लिखकर ऊपर देखा। कवि प्रसन्न थे। उनके हाथ जुड़े हुए थे। आँखें बन्द थीं। वे तृप्त थे। वे कह उठे—"हस्ताक्षर करो प्रभु! कलि से लोक की रक्षा के लिए अर्ज़ी दी है, दास की याचना पर दस्तखत करो।"

और हठात् वे पुकार उठे, "नारायण!"

"गुरुदेव!" नारायण का गला रुंध गया।

"राजा राम ने सही कर दी नारायण! अब कलि का नाश अवश्य होगा। रामराज्य जागेगा। फिर धर्म-स्थापना होगी।"

और वे विभोर होकर कहने लगे–दास की बात सुन ली गई है। मारुति की बात सुनकर भरत और लक्ष्मण ने भी सहायता दे दी है नारायण! राम नाम ही कलि में सहायक है। सारी राम की सभा ने उचित मार्ग यही बताया है। अहा! गरीब निवाज की कृपा से देखो। उन्होंने मुझे हाथ से उठाया है। अरे अब मुझे किसका डर है! मेरी बाँह तो राजाराम से गही है। वे हँसे हैं। कह उठे हैं–ठीक है, मैंने सुधी ले ली है। अनाथ तुलसी सनाथ हो गया। रघुनाथ ने हस्ताक्षर कर दिए हैं, राजाराम ने अर्ज़ी प्रसन्न होकर सही कर दी है[1]–

और महाकवि ने उन्मुक्त कण्ठ से गाया–

मारुति मन रुचि भरत की
लखि लखन कही है।
कलि कालहुँ नाथ नाम सों प्रतीति
प्रीति एक किंकर की निबही है॥
सकल सभा सुनि लै उठी
जानी रीति रही है।
कृपा गरीब निवाज की,
देखत गरीब को साहिब बाँह गही है॥
विहंसि राम कह्यो सत्य है,
सुझी मैं हूँ लही है।
मुदित माथ नावत बनी तुलसी अनाथ की,
परी रघुनाथ सही है॥

और रघुनाथ ने सही कर दी। महाकवि ने अन्तिम बार देखा, मुसकराए, और फिर धीरे से आँखें मींच लीं।

नारायण और मलूक जब रोते हुए द्वार पर दिखाई दिए तब अधीर हृदय से आकुल होकर बाहर हज़ारों नर-नारी हाहाकार कर उठे।

काशीराज उपस्थित थे। काशी के उच्चकुलीन व्यक्तियों की आँखों में पानी भर आया था।

पुजारी इस देश से स्वयं तो चला गया था, किन्तु अतीत के गौरव के प्रतीक, रामराज्य के स्वप्न को छोड़ गया था।

●●●

1. यह आगे के पद का अर्थ नहीं है, उसका पहला अस्पष्ट चिन्तन है।